KB126281

착한
소녀는
X양
합니다

착한
소녀는
×사양
합니다

10대 여자로 나답게 살아가는 법

우에노 지즈코 지음
이주희 옮김

티티

10대 여자는 어떻게 살아야 할까

여자아이의 날개를 꺾지 않기

혹시 『그대들, 어떻게 살 것인가』라는 책을 읽어 본 적 있나요? 요시노 겐자부로라는 아동문학가이자 저널리스트가 1937년에 쓴 베스트셀러로, 일본에서는 무려 80년이 지난 2017년에 다시 만화로 부활하면서 또 한 번 베스트셀러가 되었습니다. 저도 읽어 봤는데 사물에 대해 골똘히 생각해 보는 것, 집단따돌림을 마주하는 용기, 각자의 입장을 뛰어넘은 우정 등을 그리고 있어 감동을 받았습니다. 하지만 왠지 석연치 않은 기분이 들었습니다.

왜냐하면 여기서 부르는 '그대들'이 모두 남자아이들이었기 때문이에요.

장 자크 루소라는 사람이 쓴 유명한 교육서 『에밀』을 읽었을 때도 같은 기분이었습니다. 이 책은 에밀이라는 이름의 소년을 교육하는 내용으로, 아이의 자발성을 중요시해야 한다, 아이가 하고 싶은 일을 하게 해주고 장점을 키워 줘라, 지극히 맞는 말로 가득합니다. 하지만 끝까지 읽고 나서 깜짝 놀랐어요. "지금까지 한 말은 여자아이에게는 해당되지 않는다"라고 쓰여 있었기 때문입니다. 루소는 "여자아이는 미래의 남편이 될 남자를 지지해 줄 수 있도록 키워라"라고 말했습니다. 저는 생각했어요. '무슨 그런 바보 같은 소리를!'

여러분도 분명 '말도 안 돼!'라고 생각하겠죠? 이 책은 바로 그런 여러분을 위한 책입니다.

'여자아이는 어떻게 살아야 할까'를 다룬 책은 생각만큼 많지 않아요. 소년이라고 하면 남자아이, 청년은 곧 남성이라고 생각하는 사회에서는 '그대들'이라는 말 역시 남자를 뜻합니다. 여자아이는 아예 안중에 없어요. 인생의 주인공은 남자이고, 여자는 조연이 되라는 말을 우리는 루소의 시대부터 들어 왔습니다. 그런 생각을 하는 어른이 지금도 있어요. 하지만 당연하게도 여자아이 역시 자기 인생의 주인공입니다. 그런데도 여자아이가 어떻게 인생의 주인공으로 살아가야 할지에 대해 알려주는 책은 많지 않아요.

'여자아이의 날개를 꺾지 않기.' 이 말은 최연소로 노벨 평화상을 수상한 말랄라 유사프자이의 아버지 말에서 빌려 온 것입니다. 학교에 다니고 싶었던 파키스탄의 열다섯 살 여자아이 말랄라는 여자는 교육받을 필요가 없다고 생각하는 성인 남성들이 쏜 총에 맞았습니다. 이처럼 세상에는 여자가 교육을 받으려면 목숨까지 걸어야 하는 사회가 있습니다. 가까스로 살아남은 말랄라는 전 세계를 돌아다니며 모든 여자아이에게는 교육이 필요하다는 이야기를 전하고 있습니다. "어떻게 따님을 이렇게 용감하게 키우셨나요?"라는 질문에 아버지는 "딸의 날개를 꺾지 않으려고 했을 뿐입니다"라고 답했습니다. 맞아요. 여자아이든 남자아이든 아이들은 모두 크고 싶다, 배우고 싶다, 성장하고 싶다는 의욕, 즉 날개를 갖고 있습니다. 그런데 여자아이의 날개는 꺾이고, 휘어지고, 끌어내려졌던 거예요. 그러니까 여자아이를 키우는 방법은 간단합니다. 그 아이가 처음부터 갖고 있는, 스스로 날개를 뻗으려는 힘을 방해하지 않으면 됩니다. 이 책은 '여자아이는 어떻게 살아야 할까'뿐만 아니라 '여자아이는 어떻게 키워야 할까'라는 문제도 다루고 있습니다.

안타깝게도 지금의 일본은 '여자아이 키우는 법'과 '남자아이 키우는 법'이 매우 다릅니다. 그래서 '여자아이는 어떻게 살아야 할까'를 다룬 책을 쓰지 않을 수 없었습니다.

3장
인싸로 사는 건 정말 어려워

4장
사회를 바꾸려면

1장 ———— 왜 여자는 남자 다음이야?

학생회장은 왜 남자만 해?

제가 다니는 학교는 남녀공학인데
학생회장은 언제나 남자입니다.
여자는 주로 부회장이나 서기를 하는
편이고요. 선생님한테 물어보니
이게 **전통**이라고 합니다.
여자는 회장을 하면 안 되나요?
그냥 가만히 보좌하는 데 머물러야 하나요?

학생회만 그런 게 아니에요. 선생님들을 보세요. 교장은 남자, 교감은 여자인 경우가 많지 않나요?• 집에서도 중심은 아버지이고 어머니는 도와주는 역할을 하는 편이지 않나요? 부모님이 다니는 직장에서도 사장은 남자, 비서는 여자인 경우가 많죠?

학교는 사회의 축소판입니다. 학교만 예외거나 특별할 리 없어요. 어른이 '전통'이라고 하는 이유는 모두가 당연하다고 생각하고 의심하지 않기 때문입니다. 하지만 이 '전통'이라는 데에는 근거가 없어요. 만약 어른이 '전통'이란 말을 꺼낸

• 그래프에서 보이다시피 우리나라 여성 교원의 숫자는 늘 남성 교원을 웃돌지만 정작 관리직으로 올라가는 비율은 극도로 낮다. 출처 : 한국교육개발원 교육통계

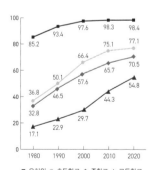

연도별·학교급별 여교원 비율

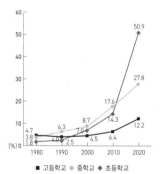

연도별·학교급별 여성 관리직(교장) 비율

다면, 마땅한 답이 없나 보다 하고 생각하면 돼요. '그래서 아예 질문을 차단해 버리고 우릴 속이는 거구나'라고 생각해도 된다고요. "어디의 어떤 전통인가요?" "언제부터 전통이 된 거예요?" "어떤 근거가 있지요?"라고 계속 물고 늘어져 보세요. 분명히 싫어할 거예요.☺ 결국엔 어른이 화를 내면서 "시끄러워!" 하고 소리 지르며 대화가 끝나겠죠. 이건 어른이 '내가 졌다'라고 선언하는 거나 마찬가지예요.

흥미로운 데이터가 있습니다. 2018년에 일본 시가 현에서 학생회장과 임원 중 남자 비율을 조사한 것이에요.

2018년도 학생회의 임원, 회장에서 남자가 차지하는 비율

	초등학교	중학교	고등학교
임원(퍼센트)	45.0	36.9	34.6
회장(퍼센트)	50.0	88.9	60.0

출처 : '중학교의 학생회장은 남자가 90퍼센트. 시가 현 오쓰 시의 남녀 비교 조사'
〈교육신문〉(2019. 2. 27) https://www.kyobun.co.jp/news/2019227_02

초등학교 회장은 남녀가 반반인데, 중고등학교로 올라갈수록 남자가 많아집니다. 상급학교로 갈수록 어른의 세계에 물들어 가는 걸까요? 고등학교의 남자 학생회장 비율이 조금 내려가는 것은 여고가 있기 때문일 거예요. 여고에서는 학생

회장도 당연히 여자겠죠. 여자아이의 리더십을 키우기에는 여고가 더 좋다고 합니다. 그도 그럴 것이 능력이란 것은 자신이 처한 상황에 맞게 키워지는 것이니까요. 여러분이 살고 있는 지역은 어때요? 비교해 보면 재미있을 거예요.

여자가 학생회장이 되지 못할 이유는 없습니다. 학생회가 정말로 민주적으로 운영되고 있다면(즉 선생님 생각대로만 움직이는 게 아니라면), 학생회장 선거에 입후보해서 뽑히면 됩니다. 실제로 여기저기서 여자 학생회장이 생겨났습니다.

'전통'이라는 이름으로 오랫동안 이어져 온 근거 없는 습관을 깨부수고 학생회장에 입후보하는 여자에게는 용기가 조금 필요할지도 모르겠네요. 하지만 주변이 지지해 준다면, 그리고 실제로 학생회장이 되어 보면 회장이 여자여도 아무 문제가 없다는 것을 금방 알게 될 거예요. 누군가 선례를 만들어 준다면 두 번째부터는 더 쉬워집니다. 여러분도 한번 해보면 어때요?

남자답지 않은 게 어때서?

제 남동생은 밖에서 뛰어 놀기보다는
책 읽기나 블록 쌓기를 좋아하는데
그걸 보고 유치원과 학교 선생님은
'남자답지 않다'고 합니다.
남자답다는 건 뭔가요?

남자아이는 바깥 놀이를 좋아하고 여자아이는 책 읽기나 블록 쌓기를 좋아한다고 생각하는 걸까요? 그렇다면 인형놀이나 책 읽기보다 '바깥 놀이'를 좋아하는 여자아이는 '여자답지 않다'고 하겠네요. 이런 것을 스테레오 타입(무언가에 대해 고정된 생각)이라고 합니다. 선생님들이 스테레오 타입을 좋아하는 이유는 성별에 따라 일률적으로 다루는 편이 컨트롤하기 쉽기 때문입니다. 스테레오 타입의 다른 예로는 여자다움과 남자다움, 아이다움, 고등학생다움, 일본인다움 등이 있겠죠. 사람은 제각각인데 단순하기 짝이 없네요. 어른의 머리로는 복잡한 정보를 처리하지 못하는 걸까요?

주변을 둘러보세요. 다양한 여자 남자, 여자답지 않은 여자와 남자답지 않은 남자, 어른답지 않은 어른과 선생님답지 않은 선생님 등이 있습니다. 우리는 그것을 개성이라고 부릅니다.

개성은 타인이 대체할 수 없는 소중한 것입니다. 남동생이 책 읽기나 블록 쌓기를 좋아하는 것은 개성입니다. 그것을 키워 주는 것이 교육이고요. 남동생은 블록 놀이를 통해 삼차원 감각을 익혀서 나중에 조각이나 건축, 홀로그램 개발에 뛰어들지도 모릅니다. 그 개성을 깨부수는 것이 교육이라면 그런 교육은 거부해도 좋습니다.

여자 색 남자 색이 따로 있어?

여동생은 핑크색이나 빨간색보다
파란색과 검은색을 좋아합니다.
그래서 옷이나 가방 모두 그런 색이고
머리도 쇼트커트예요. 그런 동생을
주변에서는 '남자아이 같다'고 해요.
이게 이상한가요?

핑크나 빨강은 여자 색, 파랑이나 검정은 남자 색, 긴 머리는 여자아이, 짧은 머리는 남자아이. 이런 생각은 언제 어디에서 어떻게 생기게 된 걸까요? 아기에게 직접 물어보고 싶네요.

여자아기는 저절로 핑크나 빨강에 손을 뻗고, 남자아기는 파랑과 검정을 좋아한다고요? 아기가 빨강이나 노랑 등 선명하고 밝은 색을 좋아한다는 것은 연구를 통해 이미 밝혀졌어요.* 빨간색에 손을 뻗는 남자아기는 '여자 같다'는 말을 듣나요? 태어나기 전부터 뱃속의 아기가 여자아이라는 소식을 들으면 프릴이 달린 옷을 선물 받고, 남자아이라고 하면 파란색 아기띠가 선물로 들어오는 '주위'의 반응이 여자 색과 남자 색을 만드는 거겠죠. 앞에서도 말했지만, 이것을 스테레오 타입이라고 합니다.

초등학교 입학이 다가오면 가방을 고릅니다. 할머니나 할

● 성별에 따라 좋아하는 색이 다르다는 데는 여전히 논란이 많다. 그러나 학자들은 어린이의 연령대가 높아질수록 성별에 따라 기대되는 색을 선호하는 경향이 있다고 밝혔다. 홍콩대학교 수이핑 영 교수 연구팀이 2018년에 발표한 바에 따르면 5~7세 아이들은 자신의 성별에 따라 사회가 기대하는 색을 선택하는 경향이 있다고 한다. 그 이전에는 성별에 따라 특정한 색을 선호하는 경향을 보이지 않는다는 뜻이다. 출처: "핑크 공주는 안녕… '엘사 블루'의 시대"《여성신문》(2019. 12)

아버지한테 선물로 받는 경우가 많지요. 그러니 그 세대의 선입견 때문에 여자아이는 빨강이나 핑크 계열, 남자아이는 어두운 색 선물을 받습니다. 요즘 나오는 가방들은 참 색상이 다양하던데요. 녹색을 좋아하는 여자아이나 핑크를 좋아하는 남자아이는 '이상한 아이'가 되는 걸까요?

설령 '나는 꼭 이걸로 하고 싶다'고 아이가 우겨도 어른이 말리기도 하죠. 그 이유는 '너만 다른 색으로 하면 너무 튈지도 몰라' 하고 걱정하기 때문이에요. 다시 한 번 말하지만 아이의 세계는 어른 사회의 축소판입니다. 여자 색, 남자 색이라는 스테레오 타입을 만든 것은 아이가 아니고 어른입니다. 어른이 하는 걸 따라 하면서 아이들도 스테레오 타입을 배우고, 거기서 벗어나는 아이들은 '이상하다'고 배제하는 거죠.

만약에 가방 색깔이 모두 제각각이라면? 입는 옷도 다들 제각각이라면? 피부색도 눈동자 색도 다양하다면? 모두가 이상하다면 아무도 이상하지 않게 되겠죠. 그래서 저는 교복도 없었으면 좋겠다고 생각합니다. 여자아이는 치마, 남자아이는 바지라니, 왜죠? 잘 생각해 보면 이유가 없어요. 치마는 바람이 술술 들어와 겨울엔 춥고, 편하게 뛰기 어려운 옷이에요. 최근에는 여학생 교복이 바지가 된 곳도 있던데, 모든 학교가 다 그런 건 아니에요. 그냥 교복을 없애면 될 텐데 말이죠. 교복은 매일 빨 수 없으니까 청결하지도 않습니다. 여자나 남자나 편하게 뛰어다닐 수 있고 막 빨 수 있는 티셔츠와 청바지가 나아요. 컬러풀한 티셔츠에 로고나 일러스트로 개성을 어필할 수 있다면 교실도 더 멋져질 텐데. 교복이 없는 학교도 있기는 하지요.

요즘은 자신이 여자인지 남자인지 정하고 싶지 않은 아이들도 등장하기 시작했어요. 바지냐 치마냐, 반드시 둘 중에 하나를 선택해야 한다는 것은 자유롭지 못한 일이에요.

'모두가 똑같은 게 좋다'는 학교와 '모두가 다른 게 좋다'는 학교 중에 어느 쪽이 아이들의 창의성을 키울 수 있을까요? 당연히 답은 후자예요. 교육이 이대로 계속된다면 변화하는 세계 속에서 뒤쳐질 게 뻔합니다. 저는 진심으로 걱정이 되기 시작했어요.

가방 색깔로 시작한 이야기가 교육의 미래까지 왔으니 너무 거창해졌네요. 하지만 한 가지만 봐도 다른 많은 것들을 알 수 있는 법이죠. 이런 작은 것들이 하나하나 쌓여서 이 세상을 만들고 있으니까요.

이과는 남자가 가야 할 곳?

저는 이과계열 연구자가 되고 싶습니다.
하지만 진로상담 선생님은 여자에게는
무리라고 합니다.
연구를 하려면 체력이 있어야 하는 데다가
일본의 노벨상 수상자도 거의 남자라면서요.
여자에게는 정말 무리일까요?

선생님은 세상 물정에 어두운 사람인가 봐요.

여자의 뇌는 이과 형이 아니라는 말은 사실이 아닙니다. 체력이 필요한 것은 사실이죠. 하지만 회사일이나 육아나 체력이 필요한 건 마찬가지에요. 애초에 연구자에게 필요한 체력이라는 것도 이사 업체 직원 정도의 체력은 아닐 거예요. 여자도 충분히 할 수 있습니다. 여자는 수학에 약하다는 말이 나오는 것도, 수학은 남자아이가 강하다는 선입견이 어렸을 때부터 여자의 능력을 눌러 버리기 때문이에요. 남녀의 뇌가 다르다는 설은 아무 근거가 없는 '사이비 과학'이라고 생각해도 됩니다.

현재 일본 정부는 이과 여성을 육성하는 데 필사적입니다. 이과 여학생이 더 추천입학 대상이 되기 쉽거나 장학금을 받기에도 유리할 정도입니다. 왜냐하면 지금까지 일본은 다른 나라에 비해 이과 여성이 너무 부족했기 때문입니다.

선생님이 "일본의 노벨상 수상자는 남자밖에 없다"라고 한 말은 사실입니다. 하지만 해외 노벨상 수상자 중에는 여성 과학자가 있고, 퀴리 부인은 무려 두 번이나 노벨상(물리학상, 화학상)을 받았습니다. 일본의 노벨상 수상자가 남성뿐인 이유는 "선생님 같은 사람이 여자아이의 의욕을 꺾었기 때문이에

요"라고 선생님에게 말해 주세요. ☺

이 진로상담 선생님처럼 생각하는 것을 젠더 교육학에서는 '젠더 트래킹gender tracking'이라고 합니다. 육상 트랙경기는 달리는 코스가 선으로 정해져 있잖아요. 그것처럼 출발점부터 여자아이 코스, 남자아이 코스를 나눠 놓고 이 트랙에서 벗어나지 않도록 유도하는 교육 방식을 말합니다. 이런 교육이 여자아이, 남자아이의 개성을 죽이고 있는 거예요.

확실히 지금까지는 연구자 세계에서 남자가 압도적으로 유리했습니다. 그것은 남자의 뇌가 이과에 강해서가 아니에요. 남성이 더 연구직을 얻기 쉽고, 가사와 육아에 대한 부담 없이 연구에 몰두할 수 있는 환경이 주어지고, 성과를 발표할 기회도 더 많았기 때문입니다. 하지만 세상은 변하고 있습니다. 혁신적인 일을 하려면 성별을 따져서는 안 된다는 사실을 이제 전 세계가 깨닫고 있습니다. 오히려 기술 혁신을 위해서는 과학기술 개발 현장에 더욱 다양한 인재가 참여하는 것이 좋다는 것을 알게 되었습니다.

왜냐하면 여자는 남자와 다른 아이디어를 내놓고 다른 접근법을 찾기 때문입니다. 그런데 이 나라는, 남성은, 학교 선생님들의 머릿속은 시대를 따라가지 못하고 있습니다.

여러분의 인생은 지금부터입니다. 선생님의 인생보다 훨씬 길어요. 그러니 선생님의 말 한마디에 휘둘려 가능성을 놓치지 마세요.

왜 출석부에서 남학생이 앞이지?

남녀공학에 다니고 있습니다.
출석번호 1번은 왜 항상 남자일까요?

정말 이상하네요. 출석번호의 앞 번호가 남자라면 순서대로 섰을 때 남자가 앞에 서고 여자는 뒤에 서죠. 졸업장을 받을 때도 남학생들이 모두 졸업장을 받고 나서야 여자가 받게 됩니다. 언제부터 그런 걸까요?

초등학교가 생긴 것은 19세기 후반입니다.[*] 그렇다면 '남녀 칠세부동석'이라며 남자와 여자 자리를 떼어 놓던 흔적일지도 모르겠네요. 태평양전쟁 전에는 남녀가 따로 중학교를 다녔습니다. 전쟁이 끝나고, 즉 1945년 이후부터는 학제 개편으로 초등학교뿐만 아니라 중등교육도 남녀공학이 되었습니다. 남녀가 나뉘어 있던 옛날식 중학교와 고등학교는 합병되기 시작했어요. 그러면서 남학생이 앞 번호가 된 걸까요? 고등교육, 특히 대학은 어떤가요? 1913년에 도호쿠제국대학(현 동북대학)이 처음으로 여학생의 입학을 허가했고, 5년 후 홋카이도제국대학(현 홋카이도대학)도 여학생에게 문을 열었습니다. 하지만 그런 몇 군데를 빼면 다른 대학에서는 여학생을 받아주지 않았습니다. 전후 새로 생긴 대학의 대부분이 남녀공학

● 우리나라에서는 1894년 교동소학교라는 이름으로 최초의 초등 교육기관이 설립되었다.

이 되고 나서 출석번호는 완전히 섞였습니다.

출석번호는 남녀가 섞여 있어도 아무 문제가 없습니다. 대학 체육 수업은 학교 및 종목에 따라서 남녀가 따로 할 때도 있지만, 출석부를 따로 만들지 않으면 불편한 경우란 없습니다. 즉 남녀별 순번에는 합리적 근거가 전혀 없다는 뜻입니다.*

대학에서는 당연한 것이 초중고에서는 당연하지 않다는 것을 이해할 수가 없네요. 근거가 없는데도 계속되는 것을 '습관'이나 '전통'이라고 합니다. 이 습관이 보여 주는 것은 남자가 여자보다 무슨 일에서든 '먼저'라는 선입견(사회통념이라고도 합니다)입니다. 앞에 서서 걷는 것은 남자, 음식에 먼저

- 우리나라 국가인권위원회(이하 인권위)는 2005년 남학생에게 앞 번호를 부여하는 관행이 여학생의 평등권을 침해한다고 판단했다. 그러나 이런 관행은 쉽게 사라지지 않았다. 2018년 인권위는 서울의 한 초등학교에서 남학생은 출석번호 1번, 여학생은 출석번호 50번부터 부여하고 있으며, 이것이 여학생에 대한 차별이라는 진정을 받았다. 학교에서는 학교장이 온라인으로 설문조사를 한 결과를 바탕으로 남학생에게 먼저 출석번호를 부여했다고 주장했다. 그러나 인권위는 다수결로 채택된다고 해서 이러한 성차별적 관행이 정당하지는 않다고 보았다. 다음은 인권위가 발표한 결정문 일부다. "남학생에게 앞 번호를, 여학생에게는 뒷 번호를 부여하는 출석번호 방식은 어린 학생들에게 남성이 여성보다 우선한다는 생각을 갖게 하거나, 남녀간에 선·후가 있다는 차별 의식을 사회적으로 확산시킬 수 있는 성차별적관행이다."

손을 뻗는 것은 남자, 회장은 남자, 리더는 남자. 이런 선입견이 출석부에도 반영되는 거겠죠. 이런 출석부는 '남자가 먼저'라는 선입견을 '당연한' 것으로 만들어 줍니다.

'이건 정말 이상해' 하고 느끼는 것은 여러분뿐만이 아닙니다. 1990년대 학교의 여자 선생님들이 이미 '이것은 이상하니까' 혼합 출석부를 사용하자는 운동을 시작했습니다. 선생님들의 운동은 '남녀를 나누는 게 편하다' '오랜 전통이다'라는 여러 저항에 부딪혔지만, 그 어떤 반대 의견도 설득력이 없었습니다. 그 결과 각지에서 혼합 출석부가 늘어났습니다. 일부는 혼합 출석부로 바뀌었다가 반대파 때문에 다시 남녀별 출석부로 돌아간 곳도 있습니다. 여러분이 다니는 학교는 어떤 지역에 있나요? 변화 속도가 늦고, '전통'을 좋아하는 어른들이 많은 지역인가요?

남녀혼합 출석부를 지금은 '성별에 따르지 않는 출석부'라 부릅니다. LGBTQ(131쪽 참조)인 아이가 있다면, 남녀별 출석부 중 어느 쪽에 들어갈지 선생님도 곤란하고 본인도 괴로울 것입니다. 이런 무례한 '습관'이나 '전통'은 빨리 없애 버려야 합니다. 그러기 위해서는 누군가가 처음으로 "이건 이상하다"라고 말해야 하고, 주변에서도 "맞아, 정말 그렇네" 하고 지원을 해줘야 합니다. "지금 이대로가 좋다"라고 하는 사람들을 설득하고, 저항도 물리쳐야 합니다. 이렇게 출석부 하나를 바꾸는 것도 상당히 힘든 일입니다. 후유.

남녀혼합 출석부를 추진한 한 여자 선생님은 이런 말을 했습니다. 대단할 것 없는 아주 작은 변화지만 그 과정에서 여자 선생님들이 더욱 활기차게 발언하게 되어 직장에서 의사소통이 매우 원활해졌다, 결과보다 과정에서 더 큰 성과를 얻었다고 말입니다.

질문은 간단했는데 답이 길어졌네요. 아무리 작은 것일지라도 바꾸고 싶다고 생각한 사람들이 있었기 때문에 변화가 일어났습니다. 그 점을 꼭 알아주었으면 좋겠습니다. 그리고 멍하니 있으면 다시 되돌아간다는 것도요. 무엇보다 바꾸고 싶다고 생각하면 바꿀 수 있다는 것을 잊지 마세요. 직장에서 여자가 하던 '차 심부름'도 이렇게 사라졌습니다.

여러분의 '이건 이상해' 감각을 앞으로도 소중히 여기세요.

일에만 매달릴 수 없는 여자는 어떡해?

저희 담임선생님은 어린 자녀가 있어서
오후 5시면 퇴근을 합니다.
아이가 열이 나면 휴가를 내고요.
저는 진로상담 등을 하고 싶은데
선생님은 그럴 수가 없죠.
그래서 육아 중인 선생님이 담임을 맡는
것은 무책임하다고 생각합니다.
친구에게 이 얘기를 하니
"너무한 거 아니야?"라고 하는데,
책임지지 못 할 거라면 책임이 없는
일을 맡는 게 당연하다고 생각합니다.

초등학교, 중학교, 고등학교에서 여자 선생님의 비율은 상당히 높습니다. 초등학생 부모들 사이에서는 아이의 담임이 남자가 되면 '당첨!'이라면서 기뻐한다는 이야기를 들었어요. 여자 선생님이 '꽝'인 것은 이 질문 속의 담임선생님처럼 자주 휴가를 내기 때문일까요?

남자 선생님 중에도 어린 자녀가 있는 선생님이 있을 거예요. 그런데 '왜 남자 선생님은 휴가를 내지 않을까' 하고 생각해 본 적 있나요? 그 이유는 아내가 '독박육아'를 해주고 있기 때문이에요. 그렇게 남자 선생님은 책임을 피할 수 있는 거죠. 여자 선생님도 아이를 함께 만든 상대가 있을 텐데, 남편이 손을 대지 않으니 오로지 여자 선생님만 휴가를 내는 거겠죠. 학교 선생님은 선생님들끼리 결혼하는 경우가 많다고 하는데, 그런 경우에도 남자 선생님이 아니라 여자 선생님에게만 부담이 전가된다고 합니다.

'육아는 여자의 역할'이라고 생각하나요? 출산휴가는 기껏해야 3개월이고, 육아휴직도 1년이면 끝납니다.* 어린이집에 데려가고 데려오는 것은 아빠가 할 수 있고, 목욕이나 기저귀 갈기도 아빠가 할 수 있는 일입니다. 네? 아빠가 해준 적이 없다고요? 참 슬픈 일이네요. 부모는 아이 일에 관여하면서 비로소 부모가 되어 갑니다. 어렸을 때 아빠가 육아를 맡아 하면 나중에 커서도 아빠와 아이의 관계가 좋다는 조사 결과도 있습니다. 뭐라고요? 아빠랑은 말도 안 하고, 하고 싶은 말도 없다고요? 정말 슬픈 일이네요. 그렇게 관계가 소원해지다니. 하지만 그건 아빠의 자업자득이에요.

남녀에 관계없이 어린아이를 키우고 있는 선생님이라면 담임을 맡지 않는 게 좋다고 생각하나요? 책임을 질 수 없으니 책임이 있는 자리를 맡는 것은 무책임하다고요? 그렇다면 담임선생님은 육아 중이 아닌 독신, 또는 육아를 끝낸 선생님만 해야 할까요? 육아 중인 사람은 책임이 무거운 일에서 벗어나게 해주는 것이 사려 깊은 걸까요? 그렇다면 아이가 몇 살이 될 때까지 그렇게 해줘야 할까요?

담임선생님이라는 직책은 책임이 크지만 그만큼 보람 있는

- 근로기준법 제74조에 따르면 임신한 여성은 출산 전과 후를 통틀어 출산전후휴가 90일을 받을 수 있다. 다만 출산 후에 45일 이상이 되도록 배정해야 한다. 또한 배우자가 출산했을 경우 10일간 유급 휴가를 받을 수 있고, 육아기에는 일정 기간 동안 근로 시간을 단축할 수 있다. 출산전후휴가는 사업장의 형태와 관계없이 받을 수 있다고 명시되어 있으나, 지금까지도 '출산휴가'라는 단어로 검색하면 '동료는 휴가를 다 못 썼는데, 저는 써도 될까요?' '남자 출산휴가 법정일수 다 써도 괜찮을까요?' 같은 질문이 올라오는 형편이다.

일입니다. 만약 내가 학교 선생님인데 아이를 낳은 지 얼마 안 됐으니 당분간 담임은 맡기지 않겠다는 말을 듣는다면, 기분이 어떨까요?

"너무한 거 아니야?"라는 친구의 반응을 생각해 보세요. 친구는 '만약 나에게 그런 일이 생긴다면 어떨까'라고 생각하니까 너무하다는 반응이 나온 거예요. '만약 나라면'이라고 생각하는 것을 상상력이라고 합니다. 친구는 자신이 미래에 엄마가 될 것을 상상하고 그렇게 말한 거겠죠.

육아 중인 사람, 특히 엄마에게는 책임이 막중한 일을 맡기지 않겠다는 '배려'는 학교뿐만 아니라 사회 도처에 존재합니다. 그런데 이는 배려라는 이름의 '차별'이에요. 여러분도 미래에 취직을 하고 아이를 낳는다면 똑같은 일을 경험하게 될 것입니다. 원인과 결과는 돌고 돕니다. 자신이 차별했던 그 자리에 언젠가는 여러분이 서게 될지도 모릅니다.

육아와 책임이 있는 일은 양립할 수 없는 걸까요? 책임을 맡는 방법을 궁리해 본다면 가능하지 않을까요? 진로상담이라면 꼭 방과 후가 아니더라도 메신저나 채팅으로 진솔한 대화를 나눌 수 있을지도 모릅니다. 5시 퇴근은 원래 정해진 거예요. 그 후에도 직장에 남아 있는 것을 '잔업'이라고 합니다.

따라서 남자 선생님이나 여자 선생님 모두 잔업을 하지 않고 정시에 퇴근해야 합니다. 네? 남자 선생님 중에 정시에 퇴근하는 선생님은 없다고요? 직장에 오래 있을수록 '열심히' 하는 거라고요? 정말 그럴까요? 조금 더 효율적인 방법으로 일해서 시간 내에 끝내는 것이 훨씬 낫습니다. 게다가 남자 선생님이 정시에 퇴근하지 않는 것은 아내가 먼저 집에 와 있기 때문 아닐까요? 그렇다면 자신의 가족에게 소홀한 선생님이 다른 집 아이를 소중히 여길 수 있을까요? 자신의 아이를 아끼는 마음이 있어야 다른 부모의 마음도 헤아릴 수 있지 않을까요? 그러니까 선생님이 부모가 되는 것은 학생에게도 좋은 일이라고 생각하지 않나요?

질문자의 생각은 언뜻 맞는 말처럼 들립니다. 하지만 그것은 지금 당장, 단기적으로 판단했을 때의 이야기예요. 단기적으로는 합리적으로 보였던 판단이 장기적으로는 불합리할 때도 많습니다. 좀 더 넓은 시야로 생각하는 습관을 갖도록 합시다.

2장 ——— 집안에서 생기는 짜증나는 일

장시간 노동이라는 죄

저희 집은 아빠가 요리를 잘하고
집안일도 엄마만큼 잘합니다.
하지만 아빠는 매일 야근만 하고
집안일은 엄마가 도맡아 하고 있습니다.
그래서 부부싸움도 많이 해요.
누구의 잘못일까요?

아빠가 가사를 하지 않는 이유는 세 가지 중 하나일 겁니다. ①할 수 없다. ②하지 않는다(의욕이 없다). ③시간이 없다. 이 중에 무엇인가요? ①할 수 없는 사람은 학습과 훈련만 거치면 됩니다. 엄마라고 처음부터 요리와 가사를 할 수 있었던 건 아니니까요. 다행히도 질문자의 아빠는 '가사를 할 수 있는' 남성이네요. 아빠의 부모님이 맞벌이를 하셔서 어렸을 때부터 가사를 해왔든지, 아니면 혼자 오래 살아서 경험이 있는 걸까요?

질문자의 엄마는 '요리를 잘하는' 남편을 만나서 운이 좋다고 생각했을 거예요. 그런데 실제로는 '전혀' 도움이 되지 않고 있네요. 그 이유가 ③시간이 없어서라고요? 정말 그럴까요? 실제로 가사와 육아를 하지 않는 이유를 물으면 많은 남성이 '하고 싶어도 시간이 없다'고 말합니다.

시간이 없는 것은 근무 시간이 길기 때문이라고 하죠. 왜 근무를 오래 하냐면 잔업이 많기 때문이라 하고요. 잔업이 많은 것은 거부할 수 없기 때문이고요. 정말 그럴까요?

잔업은 거부할 수 있습니다. 노동자의 임금은 법정근로시간(일주일에 40시간, 즉 하루 8시간×5일)에 지불되는 것입니다.* 따라서 잔업을 하면 사용자는 반드시 '잔업수당'을 추가로 지불해야 합니다. 엄마의 일터는 아마도 잔업이 적은 직장이거나, 잔업을 거부하고 독박육아와 가사를 하는 거겠죠. 아빠라고 그러지 못할 이유는 없습니다.

하지만 잔업은 고용주의 명령이기 때문에 거부하면 불이익을 받습니다. 잔업수당이 없으면 월급이 늘지 않고 보너스가 줄어들 수도 있습니다. 승진에서 누락될 수도 있죠. 잔업을 거부하지 못하는 것은 그런 이유 때문입니다. 간단히 말하면 아빠는 가정보다 일을 우선시하는 거예요. 거의 모든 아내가 남편이 그렇게 해주길 바랍니다. 남편이 돈을 더 많이 벌어오면 좋겠다, 더 출세했으면 좋겠다, 가능하면 집에 없었으면 좋겠다고 생각하는 아내도 많은 듯합니다.☺ 그런 아내는 남편에게 불평하지 않습니다. 하지만 질문자의 엄마는 그런 사람이 아닙니다. 엄마는 일보다 가정을 우선시해 주길 바라고 있어요. 우선까지는 아니더라도, 야근을 줄여서 엄마의 부담을 줄여 주기를, 가정을 중요하게 생각하기를, 즉 엄마를 소중히

● 우리나라 근로기준법 제50조, 제51조에 명시되어 있다. 1일 근로시간은 휴게 시간 제외하고 8시간을 초과할 수 없고, 1주간에는 40시간을 초과할 수 없다. 그러나 상황에 따라 노사가 협의하여 근로 시간을 초과하여 근무할 수 있다. 하지만 이런 경우라도 1일 12시간, 일주일 52시간을 초과해서는 안 된다.

대해 주기를 원하고 있습니다. 그래서 부부싸움이 생기는 거예요. 부부싸움은 엄마가 자신의 생각을 말하고 있고, 부부 사이에 의사소통이 원활하다는 증거입니다. 엄마가 그저 참고만 있다면 부부싸움은 일어나지 않을 거예요.

여러분은 이제 10대입니다. 언젠가는 집을 나갈 거예요. 그러면 엄마와 아빠 둘만 집에 남게 됩니다. 이를 사회학에서는 새끼가 자라서 떠난 '빈 둥지'라고 말합니다. 이 빈 둥지에서 부부가 사이좋게 살아가려면 무엇이 필요할까요? 오랫동안 서로를 아껴 온 경험의 축적이 아닐까요? 부부 중 한쪽에만 불평불만이 쌓이면 나중에 무서운 일이 생긴다는 것을 이제는 모두가 알고 있습니다. 그러니 아빠에게 충고해 주세요.

참고로 불황을 맞으면 잔업은 저절로 줄어듭니다. 야근이 사라진 업계나 육아휴직으로 '시간이 생긴' 남편들이 그 시간을 어디에 썼는지 알아본 조사가 있어요. 그 결과 여유가 생긴 남편들은 그 시간을 가사와 육아보다는 자신의 취미에 더 많이 썼다는 사실이 밝혀졌습니다. 그러니까 남편들이 가사와 육아를 하지 않는 것은 ③시간이 없기 때문이 아니라 ② 의욕이 없기 때문이라는 것을 잘 알 수 있습니다. 이유는 딱 하나예요. 자신이 하지 않아도 아내가 다 해주기 때문이죠.

무엇보다 가사와 육아는 남자의 일이 아니라는 선입견도 있습니다. 설령 그런 선입견이 있어도 아빠와 아들만 사는 가정의 아빠라면 어쩔 수 없이 가사와 육아를 할 것이고, 처음엔 잘하지 못했더라도 점점 익숙해질 거예요.

이런 경우에는 차라리 아내가 아파서 누워 있거나 여행을 가는 게 나을 수도 있습니다. 이런 웃긴 이야기도 있어요. 아내가 감기에 걸려서 누워 있으니 남편이 외출하면서 "나는 밖에서 먹고 올 테니까 걱정하지 않아도 돼"라고 했다나요. 아파서 누워 있는 아내의 식사는 어쩌고요? 이런 남녀가 부부로 살고 있다니, 정말 이상하죠?

마지막으로 확실하게 말할게요. 잔업이 많은 이유는 잔업을 해야만 일이 돌아가도록 사람을 적게 뽑아 놨기 때문이에요. 모두가 정시에 퇴근할 수 있게 사람을 넉넉히 고용하기보다는 적은 인원에게 잔업수당을 지불하는 게 회사로서는 비용이 더 적게 드니까요. 육아휴직을 쓰기 어려운 것도 같은 이유입니다. 모두가 야근을 하지 않아도 되면, 아빠가 야근을 거절해도 혼자만 불이익을 당할 일이 없을 텐데 말이에요.

수업과 사회가 이어지려면

저는 성별에 상관없이 가정 과목을
배웠습니다. 남녀를 떠나 여러 가지를
해보는 것은 의미 있다고 생각합니다.
최근의 가정 수업 또한 다양성을 인정하고,
모두가 함께 풍요로운 사회를 만들자는
분위기라서 재미있습니다.
하지만 요즘은 수업만으로는 한계가
있다는 것도 느낍니다. 예를 들어
조리실습 시간에 **"이건 여자가 할 일인데
왜 내가 해야 돼?"**라고 하는 남학생도
있습니다. **수업과 사회가 이어지게 하려면
어떻게 해야 할까요?**

남녀 모두가 가정 수업을 받게 된 것은 중학교는 1993년, 고등학교는 1994년부터라는 걸 알고 있나요?˙ 그 전까지는 '기술·가정'이라 불리며 남자는 기술, 여자는 가정 수업을 받았습니다. 남자는 대신 체육 수업을 받는 곳도 있었습니다. 기술 시간에는 기계공작이나 목공 등을 배웠고, 가정 시간에는 조리나 재봉 등을 배웠습니다. 이를 남녀의 '특성교육'이라고 불렀습니다.

하지만 가정을 지탱하는 것은 여성만이 아닙니다. 여자도 망치질이나 간단한 목공 정도는 할 줄 아는 게 좋고, 남자도 조리와 재봉 모두 할 수 있는 편이 좋은 것은 확실합니다. 옛날 군인들은 단추가 떨어지면 스스로 달았고 양말에 구멍이 나면 직접 꿰맸습니다. 군대에는 여성이 없었기 때문에 스스로 할 수밖에 없었던 거죠.

남녀 모두 가정 수업을 듣게 되자 가정 시간은 더 이상 조리나 재봉 등의 생활기술 교육에 멈추지 않았습니다. 오히려

• 우리나라에서는 제7차 교육과정 개정에서 기술·가정 과목으로 통합되었다. 2002년부터 고교 신입생에게 적용되었고 중학교 신입생에게 적용된 것은 2001년이다.

가정은 어떠해야 하나, 가정과 사회의 관계는 어떠한가를 남녀 모두가 진중히 생각해 보는, 대단히 중요하고 심오한 과목이 되었습니다. 가정 선생님을 한번 보세요. 요리를 잘한다거나 바느질을 잘해서 가정 선생님이 된 것이 아닙니다. 요즘 가정 선생님 중에는 남성도 있고 특이하고 재미있는 선생님도 많습니다. 왜냐하면 수업이 다루는 가정 그 자체가 한창 바뀌고 있는 중이기 때문이에요. 어떠한 형태의 실험적인 수업도 가능한 도전적인 과목이기 때문입니다.

가정은 남녀가 함께 유지하는 것입니다. 그렇다면 특성교육보다는 오히려 여자에게는 여자가 서투른 기술 교육을, 남자에게는 가정교육을 하는 게 중요하다, 그리고 남녀 모두 같은 교육을 받을 필요가 있다고 생각한 가정 선생님들이 있었습니다. 바로 여자 선생님들입니다. 그들이 1980년대에 운동을 일으켜서 문부성(현재의 문부과학성)을 움직였습니다. '수험 과목도 아닌데'라며 그저 가만히 있지 않았던 거예요. 물론 아저씨들의 반발과 저항은 있었습니다. 이를 무릅쓰고 현재의 성별 구분 없는 가정 수업을 실현시켰으니, 정말 근성 있는 선생님들이었습니다. 현재의 가정 선생님들도 이 세대 선생님들의 영향을 받아서 역시 근성이 있습니다.

그런 수업을 받으면서 "이건 여자가 할 일"이라고 말하는 남자는 옛날 사람이에요. 분명 그 학생의 집에서는 '가사와 육아는 여자의 일'이고, 엄마 혼자서 그 일을 다 하고 있겠죠. 이런 사람들은 앞으로는 멸종될 인종입니다. 그에게는 이렇게 말해 주세요.

"이 정도도 못하면 넌 앞으로 결혼 못 할걸. 네 부모님 세대랑은 다르니까."

전업주부가 꿈인 게 어때서?

이혼한 엄마는 제가 어렸을 때부터
"여자도 경제적으로 자립해야 한다"라고
자주 말했습니다.
그런데 솔직히 그 말에 질렸어요.
저는 축구선수나 IT기업 부자와 결혼해서
셀러브리티 같은 전업주부가 되고 싶은데,
그러면 안 되나요?

오오, 신데렐라의 꿈! 여자만 탈 수 있는 '꽃가마'인 가요. 좋겠네요. ☺

그런데 그 꽃가마에 올라타기 위한 조건은 갖추고 있나요? 그 점을 점검해 봅시다.

'축구선수나 IT기업 부자'는 스스로에게 상당한 자신감이 있어요. 그래서 매력적인 거겠죠? 그런 남성은 아내가 자신을 서포트해 주기를 바랍니다. '내조'라는 말처럼 말이죠. 그러므로 그런 남성과 결혼하려면 평생 주역이 아니라 보좌하며 살아갈 각오가 필요합니다. 평생 남자의 활동을 지원하는 '매니저'를 하는 것이나 마찬가지예요.

게다가 '축구선수나 IT기업 부자'를 노리는 여성은 질문자뿐만이 아닙니다. 그런 남자들에게 접근하는 여성은 얼마든지 있기 때문에 그 경쟁에서 반드시 이겨야 합니다. '축구선수나 IT기업 부자'는 바빠서 연애를 할 시간이 별로 없어요. 그래서 아마 먼저 드러나는 외모로 여성을 판단할 거예요. 거기다 명예나 돈과 마찬가지로, 아내도 타인에게 과시하는 효과가 있기 때문에 눈에 띄는 외모(타인이 부러워할 만한 미모나 체형)의 배우자를 고르겠죠. '축구선수나 IT기업 부자'의 아내 중에 승무원이나 모델, 아나운서 등이 많은 것은 이런 이유 때문입니다.

이런 아내를 영어로는 '트로피 와이프'라고 합니다. 승리의 증표로 얻어지는 트로피 같은 아내이기 때문이에요. 그 전형이 바로 전 미국 대통령 도널드 트럼프의 세 번째 아내, 멜라니아 씨죠. 모델 출신답게 스타일이 멋진 미녀지만 말을 거의 하지 않아 존재감이 없는 여성입니다.

'축구선수나 IT기업 부자'는 가정을 돌볼 여유가 없기 때문에 불평 한마디 없이 가사와 육아를 모두 완벽하게 맡아 줄 아내를 원합니다. 이는 젊은 엄마 한 사람에게는 버거운 일이기 때문에 조부모의 도움이 있는 편이 훨씬 유리하겠죠. 그렇다면 부모로부터 경제적으로나 육아에 도움을 받을 수 있는 쪽이 안심일 거예요. 또한 자신의 재능을 훌륭히 키워 낸 남성은 애초에 자식에게 투자를 아끼지 않는 여유 있는 집안 출신이 많습니다. 그렇다면 자신의 아내도 비슷한 환경에서 자랐기를 원할 거예요.

지금까지 나온 조건들을 정리해 봅시다.

'축구선수나 IT기업 부자'의 아내가 되려면 여유 있는 가정에서 자라, 뛰어난 미모와 몸매에 자기계발도 열심히 하여 승무원이나 모델 등 눈에 띄기 쉬운 직업을 갖고, 다른 여성과의 경쟁에서 이겨야 하고, 가사와 육아를 완벽히 해내면서 불평불만 하나 없이 남편의 건강관리에도 힘쓰고, 상황에 따라서는 외국어 능력이나 사교력을 발휘하여 평생 보좌역을 감수할 수 있는 여성이어야 합니다. 질문자는 이 조건에 부합하나요?

무리라면 일찌감치 포기하세요.☺

게다가 결혼은 '목표'가 아닙니다. 신데렐라 이야기는 '왕자님과 공주님은 행복하게 살았습니다'로 끝나지만, 그 후의 인생이 훨씬 깁니다. 결혼 중에는 '앗, 실수다!' 싶은 경우도 있어요. 실제로 질문자의 엄마도 결혼에 실패하고 취소를 해본 여성이네요. 그런데 실패라는 걸 깨닫고도 취소할 수 없어서 괴롭게 살고 있는 여성들도 있습니다. 가정폭력을 당하는 여성들도 그렇죠. 축구선수라면 힘이 아주 셀 텐데, 이런 남성에게 가정폭력을 당한다고 생각하면, 아아 너무 무서워요.

그러니까 질문자의 엄마가 하는 말은 매우 지당합니다. 듣기 싫을 수는 있겠지만, 여러분보다 오래 살았고 자신의 실패로부터 배운 경험이 있는 엄마의 말 속에는 진리가 있습니다.

여러분 또래라면 엄마 말에 반발도 하고 싶겠죠. 그 기분은 이해해요. 하지만 분수에 맞는 상대를 골라서 마음 편한 가정을 만드는 것이 훨씬 좋지 않을까요? 한 사람은 주역 한 사람은 보좌역인 인생이 아니라, 두 사람의 주역이 만나 서로 도우며 살아가는 인생이 멋지지 않나요?

인생에는 선택이 따르고, 선택에는 실패가 따르기 마련입니다. 실패했을 때 다시 시작할 수 있는 것도 매우 중요해요. 다시 시작하기 위한 최소한의 조건이 바로 엄마가 말한 '경제적 자립'입니다. 엄마가 그 사실을 몸소 보여 주고 있네요.

나는 엄마처럼 살기 싫은데

저희 엄마는 완벽한 전업주부입니다.
여성잡지에 실릴 정도로 멋쟁이에
가사에도 능합니다.
아빠랑 사이도 좋고요.
하지만 저는 **가족에게 헌신하기만 하는
인생은 싫어요.**
이런 생각은 **엄마에 대한 배신**일까요?

아이고, 앞 질문과는 정반대네요.

질문자의 엄마는 여성지의 독자 모델이 될 만한 분이군요. 살림에 찌들지도 않았고, 멋을 부리는 데 돈을 쓸 수 있을 정도로 경제적으로 여유가 있으니 아빠의 수입도 분명 좋은 편이겠네요.

사람들이 되고 싶어 하고 부러워하는 '본보기'를 롤모델이라고 해요. 그런데 질문자에게 엄마는 '이렇게 되고 싶지 않다'는 반면교사라는 거군요. 왜일까요?

엄마는 행복한가요? 그리고 자기처럼 살라고 딸에게도 권하나요? 말로 하지 않아도 엄마의 생각은 딸에게 전해지는 법이에요.

엄마가 행복하다면 딸도 자기처럼 행복하게 살기를 권하고 싶을 거예요. 물론 자기가 행복하지 않아도 딸이 자기처럼 살기를 원하는 엄마도 있습니다. 왜냐하면 행복하든 불행하든 엄마 세대의 여성들은 그 이외의 인생을 생각하기 어렵기 때문이에요. 질문자는 엄마로부터 말로는 표현되지 않는 '기대'를 느끼고 있기 때문에, 그 기대를 따르지 않으면 '배신'이 아닌가 걱정하고 있는 거예요.

설령 엄마가 행복하다고 해도 질문자는 엄마의 인생이 '가족에게 헌신만 하는' 것처럼 보여 싫은 거예요. 앞에서 말한 대로 주역이 아니라 보좌역으로 사는 것으로 보이기 때문이죠. 그리고 '엄마의 헌신을 받고 있는' 가족의 한 사람으로서 질문자 자신도 엄마에게 어느 정도 부채감을 느끼고 있을 거예요. 그러니 '배신' 같은 강한 단어가 나오는 거죠.

두 가지 면에서 생각해 봅시다. 지금까지의 여자의 인생과 앞으로의 여자의 인생, 과거 세대와 미래 세대의 차이부터 생각해 보는 거예요.

우선 엄마 세대의 여자들에게는 어떤 선택지가 있었을까요? 엄마는 결혼 전에 일을 했었나요? 엄마는 어떤 가정에서 자라 어떤 교육을 받았나요? 만약에 엄마가 아빠를 선택하지 않았다면, 어떤 인생이 엄마를 기다리고 있었을까요? 처음부터 전업주부인 여성은 없으니까, 대부분 결혼 전에 일을 한 경험이 있을 거예요. 전업주부가 된 것은 일을 그만두었기 때문이죠. 만약 엄마가 일을 그만두지 않았다면 지금 엄마는 어떻게 되었을까요? 엄마 친구들 중에 일을 계속 해온 사람이 있나요? 엄마가 그 친구와 자신을 비교하지는 않나요?

물론 어떤 인생을 선택하든 얻는 것과 잃는 것이 있습니다. 엄마는 분명 자신의 선택에 만족하고 있겠지만, 사람은 돌이킬 수 없는 일을 나중에 정당화하는 경향이 있습니다. 엄마의 행복을 지탱하고 있는 것은 아빠와 사이가 좋다는 점이겠죠. 아빠가 바람을 피우지 않고, 일도 그만두지 않고, 엄마를 때리지 않아서 정말 다행이에요.

만약 엄마가 자신의 인생을 긍정적으로 생각한다면 딸도 자신처럼 사는 것을 원하겠죠. 그것이 엄마 세대 여성에게는 얼마 없는 선택지였으니까요.

이제 앞으로 벌어질 여러분 세대의 이야기를 해봅시다.

엄마 때와는 달리 여성과 남성을 둘러싼 환경이 크게 바뀌었습니다. 앞으로는 부모님처럼 살기 어려울 거예요. 지금은 맞벌이 가구가 외벌이 가구보다 많습니다. 질문자의 가족은 외벌이라는 소수파에 속해 있습니다.•

• 우리나라의 맞벌이 가구 비율은 오른쪽 그래프와 같다. 이 통계는 배우자가 있는 가구 중 맞벌이 가구가 어느 정도인지를 보여준다.
출처: 통계청 「지역별 고용 조사」

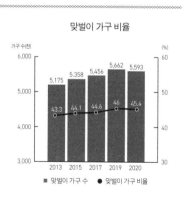

맞벌이 가구 비율

가구 수(천)

6,000

5,175   5,358   5,456   5,662   5,593

5,000

43.3   44.1   44.6   46   45.4

4,000

3,000

2013   2015   2017   2019   2020

(%)

60

50

40

30

■ 맞벌이 가구 수   ● 맞벌이 가구 비율

지금은 질문자의 아빠처럼 여유 있는 생활을 보장해 줄 만한 월급을 받는 남성이 격감했습니다. 대부분의 여성은 자신이 일하지 않고도 가계에 여유가 있으려면 배우자 연봉이 600만 엔 이상이어야 한다고 생각한다고 합니다. 하지만 이직 사이트 도다(doda)의 데이터(2019년)에 따르면, 이 정도 연봉을 받는 20대 남성은 고작 3.3퍼센트, 30대는 17퍼센트뿐입니다. 게다가 이들은 이미 결혼했을 가능성이 높기 때문에, 미혼 고소득자를 만날 기회는 낮습니다.

평균 임금은 20대 남성이 367만 엔, 여성이 319만 엔입니다. 맞벌이를 하면 600만 엔이 넘어갑니다.•

• 성별에 따른 월평균 임금은 다음과 같다. 출처: 고용노동부 「고용형태별근로실태조사」, 통계청 「소비자물가조사」

성별 월평균 임금

단위 : 천 원

		2010	2011	2012	2013	2014	2015	2016	2017	2018	2019	2020
월임금총액 (명목)	전체	2,326	2,428	2,527	2,617	2,700	2,740	2,833	2,896	3,028	3,138	3,180
	남성	2,754	2,869	2,974	3,095	3,218	3,269	3,364	3,433	3,569	3,682	3,722
	여성	1,633	1,714	1,815	1,873	1,925	1,944	2,040	2,112	2,259	2,371	2,408
월임금총액(실질)		2,555	2,563	2,611	2,719	2,740	2,806	2,814	2,899	2,993	2,993	3,017

우리나라의 2020년 여성 임금근로자의 시간당 임금은 15,372원, 남성 임금근로자의 시간당 임금은 22,086원으로, 여성이 남성 임금의 69.6퍼센트 수준이다.(「2021 통계로 보는 여성의 삶」) 경제협력개발기구OECD는 1995년부터 성별 임금 격차에 대해 통계를 내고 있는데, 한국은 여기에서 꼴찌를 면한 적이 없을 만큼 격차가 크고, 개선되지 않고 있다. 출처: "남녀 임금격차 'OECD 최악' 한국, 개선 노력도 바닥" 〈경향신문〉(2021. 8. 13)

이렇게 가계 상황이 완전히 달라지기 때문에, 여러분 세대의 남자들은 미래의 아내가 일을 하길 원합니다. 그래서 전업주부가 되고 싶은 여자보다 일을 계속할 여자가 아내로서 더 매력적이라고 생각하는 남자가 늘고 있습니다. 평생 혼자서 성인 여성을 부양하는 것은 너무 힘들다고 생각하게 된 거죠.

한편 여자가 활약할 수 있는 기회는 여러분의 엄마 시대와는 비교할 수 없을 정도로 늘어났습니다. 여자도 일을 했으면 좋겠다고 생각하는 것은 미래의 남편들뿐만 아니라 기업과 사회도 마찬가지입니다. 여자가 일을 하지 않으면 사회가 돌아가지 않는다는 것을 드디어 알게 되었기 때문이에요.••

10대인 여러분 앞에는 많은 선택지가 놓여 있습니다. 앞으로의 인생을 생각하면 떨리고 설렐 거예요. 지금 나이에 벌써부터 선택지를 좁힐 필요는 없습니다. "엄마의 시대에는 없었

•• 우리나라에서 2019년 여성 취업자 중 임금근로자 비중은 여성이 남성보다 높다.(남녀 각각 77.9퍼센트, 73.4퍼센트) 상용근로자, 즉 고용계약기간이 1년 이상인 임금근로자는 증가 추세에 있다고는 하나 여전히 남성보다 낮다.(남녀 각각 48.7퍼센트, 55.2퍼센트) 직업별 취업자 구성비에서도 여성은 남성보다 단순노무에 종사하는 비율이 높고, 관리자 비율은 낮다. 출처: 통계청, 여성가족부 「2020 통계로 보는 여성의 삶」

던 선택지가 나한테는 있다"라고 엄마에게 말해 주세요. 엄마가 정말로 딸을 사랑한다면 엄마 같은 인생을 선택하지 않는다 해도 진심으로 응원해 줄 것입니다.

여자라는 게 문제인가요?

할아버지 댁에 놀러 가면
오빠와 남동생에게는 용돈을 주는데
저한테는 안 줍니다.
아예 대놓고 "네가 남자아이였으면
좋았을 텐데"라고 할 때도 있습니다.
여자인 게 뭐가 문제인 걸까요?

하하하, 참 속이 훤히 보이는 할아버지네요.

할아버지는 몇 년생인가요? 할아버지 시대에는 여자아이가 태어나면 다들 실망하고, "여자아이는 가치가 떨어진다"라는 말까지 했습니다. 태어났을 때부터 성별로 가치를 매기다니, 엄청난 시대였죠.

그런 생각을 한 이유는 이렇습니다. 아이를 키우려면 시간과 수고를 들여야 하는데, 여자아이는 그렇게 키워 봤자 보람이 없다, 즉 투자한 만큼 본전을 뽑지 못한다고 부모들이 생각한 거죠. 어차피 시집 가면 다른 사람의 가족이 될 것이고, 교육에 돈을 들여 봤자 후에 출세한다는 보장도 없고, 한마디로 투자 효과가 없다고 생각한 거예요. 할아버지가 오빠와 남동생에게 주는 '용돈'은 할아버지에게는 '투자'인 셈이에요. 할아버지는 남자아이에게는 투자한 보람이 있지만 여자아이는 투자 효과가 없다고 생각하는 거죠.

용돈 정도가 아니에요. 옛날에는 부모들이 더 노골적으로 투자 대상이 될 만한 아이와 그렇지 않은 아이를 구별했습니다. 고기 반찬은 가장과 장남에게만 준다거나, 아들에게만 고등교육을 받게 하고 딸은 학교에 보내지 않는다거나, 남자 형제를 진학시키기 위해 누나나 여동생을 남의 집 하녀로 보내기도 했습니다. 놀랍죠?

할아버지 시대에는 이것이 합리적인 선택이었어요. 투자란 미래의 보상을 기대하고 치르는 건데, 여자아이에게는 투자해도 보답이 돌아올 가능성이 적었으니까요. 교육을 받았대도 여자가 활약할 수 있는 장소는 매우 한정적이었습니다.

하지만 지금은 달라요. 여자가 고등교육을 받는 것은 이제 당연한 일입니다. 투자 효과가 있다는 것을 부모들이 점점 알게 되었으니까요. 결혼도 '다른 집으로 시집 간다'는 개념이 아니라 개인과 개인 사이의 계약이 되었습니다. 앞으로는 오히려 딸에게 더 부모가 의지할지도 몰라요. 요즘 커플은 부모는 각자 돌봐야 한다고 생각하기 때문에 아들의 아내, 즉 며느리의 봉사를 기대해 봐야 시대에 뒤떨어질 뿐입니다.

할아버지에게는 이렇게 말해 주세요. "할아버지, 오빠와 남동생한테만 투자해 봤자 나중에 꼭 돌아온다는 보장이 없어요. 저한테도 투자해 두시는 게 나을 거예요."

그나저나 이런 할아버지 밑에서 자란 아빠는 도대체 어떤 가정을 이루었을까요? 아무래도 할아버지에게 해드릴 말을 부모님에게도 하는 게 좋겠어요. 부모님 또한 딸한테는 아들보다 교육비를 덜 쓰려고 할지도 모르니까요.

성별에 따라 진로가 달라지는 이유

엄마는 오빠한테는 대학에 가라고 하면서
저한테는 전문대에 가라고 합니다.
그게 더 **결혼에 유리**하다고요. 정말인가요?
제 친구는 부모님께 의대에
가고 싶다고 했더니 **여자니까**
간호사가 돼라는 말을 들었다고 합니다.

바로 앞 질문의 답을 읽어 봤나요? 전문대보다 4년제 대학에 가는 게 돈이 더 듭니다. 교육에 들어가는 돈을 교육 투자라고 합니다. 투자가 수익으로 돌아오는 것을 투자 효과라고 하는데 아무래도 질문자의 엄마는 딸에게는 투자 효과가 없다고 생각하는 것 같네요. 질문자의 엄마뿐만 아니라 많은 부모가 그렇게 생각해 왔습니다. 적어도 1990년 중반까지는 말이죠.

그랬던 것이 급속도로 바뀌었습니다. 질문자의 엄마는 조금 옛날 사람 같네요. 2018년의 4년제 대학 진학률은 남자가 56.3퍼센트, 여자가 50.1퍼센트(『남녀공동참여백서』2019년 판)로, 남자보다 약간 낮긴 하지만 이미 전문대 진학률보다는 높습니다.• 여학생의 4년제 대학 진학률이 전문대 진학률을 처음으로 뛰어넘은 것은 1995년입니다. 아마도 그즈음부터 일본의 부모들이 딸에게도 높은 교육비를 지불하는 것이 유리

• 우리나라의 2021년 일반계 고교 1,814개교에서 대학 진학률을 살펴보면 남학생이 76.8퍼센트, 여학생이 81.6퍼센트로 여학생이 5퍼센트 가까이 높다.(종로학원하늘교육) 여학생의 대학 진학률이 높아진 것은 꽤 오래전부터 있었던 현상으로 2000년도에는 여학생이 84.6퍼센트, 남학생이 83.4퍼센트였고, 격차는 꾸준히 벌어져 오늘에 이르렀다. 참고로 1980년에는 여학생이 27.4퍼센트, 남학생이 72.6퍼센트 대학에 진학했다. 출처: 교육통계서비스

하다고 생각하게 된 것 같네요. 의사가 되는 것은 간호사가 되는 것보다 시간과 돈이 더 들지만, 그래도 의사가 되는 편이 사회적으로나 경제적으로나 훨씬 유리합니다. 여자아이가 '의사가 될 수 없는/되지 않는' 게 좋을 이유는 하나도 없습니다.

부모들이 흔히 말하는 이유가 또 한 가지 있습니다. 바로 '결혼에 유리'하다는 거예요. 엄마 세대에 '대졸 남편/전문대 졸 아내' 커플이 많았던 이유는 아주 단순합니다. 대졸 여성의 수가 적었기 때문이에요. 하지만 지금의 대졸 남성은 대졸 아내를 선택합니다. 왜냐하면 인간은 자신과 비슷한 환경의 상대를 좋아하는 경향이 있기 때문이에요. 거기다 여자가 많은 전문대와 달리 4년제 대학에서는 커플이 될 가능성도 높습니다.

요즘 남자는 아내를 부양하는 건 너무 힘들다, 아내에게도 수입이 있는 게 좋다고 생각합니다. 유럽에서는 훨씬 전부터 그랬고요. 이것이 현실입니다. 시대는 바뀝니다. 엄마 시대의 상식은 이제 통하지 않아요.

여자지만 일류대에 가고 싶어

도쿄대를 목표로 재수 중인 언니에게
할머니는 **"저러다 시집 못 간다"**라고
푸념합니다.
남자였다면 이런 말은 안 듣겠죠?
**왜 여자는 도쿄대를 가려고 하거나
재수를 하면 안 되나요?**

흐음, 여자도 대학에 가는 건 좋지만 도쿄대는 피하는 게 좋다, 왜냐하면 시집 가기가 어려우니까?

앞에서 여자의 4년제 대학 진학률이 50.1퍼센트로 늘어났다고 했죠. 그런데도 도쿄대만은 아직도 여학생 비율이 20퍼센트를 넘지 못하고 있어요.* 이상하죠? 질문자의 할머니 같은 사람이 여자는 도쿄대에 가지 않는 게 좋다고 개똥 같은 조언을 하기 때문이에요.

하지만 지금 언니는 도쿄대를 목표로 재수를 하고 있다는 거네요? 그렇다면 부모님은 언니가 재수하는 것을 지원해 주고 있군요. 도쿄대를 목표로 할 정도라면 눈을 조금만 낮춰도 갈 만한 대학이 많았을 거예요. 그런데도 '분하다, 재도전하고 싶다!'는 언니의 마음을 부모님도 이해해 준 거겠죠. 재수도 꽤 돈이 드는 데다가 사회인이 되는 것도 1년 늦어지고, 이력서에 재수 경험을 쓰면 취직에 불리할지도 모르는데 말이죠. 이런 결점들을 알면서도 한번 해보라고 언니를 밀어주

● 2010년부터 2019년까지 우리나라 서울대 합격자 성비를 조사한 결과, 여학생 비율이 2010년 39.8퍼센트, 2016년 41.1퍼센트, 2019년 39.4퍼센트로 꾸준히 남학생보다 적었다. 2022년은 더 낮아져서 남학생 63퍼센트, 여학생 37퍼센트로 나타났다. 최근 10년 중에 가장 낮은 수치다. 출처: 종로학원

는 부모님은 매우 훌륭한 분들입니다. 할머니와는 다르게 말이죠. 맞아요, 할머니와 엄마, 딸의 시대는 확실히 바뀌고 있어요.

그런데 할머니의 말에도 일리는 있어요. 혹시 여동생이 오빠보다 공부를 더 잘하면 안 된다거나, 성적이 좋은 여자아이가 '바보인 척' 한다는 이야기를 들어 본 적이 있나요?

도쿄대에는 도쿄대 남학생과 타 대학 여학생은 들어갈 수 있지만 도쿄대 여학생은 들어갈 수 없는 대학 연합 테니스 동아리가 몇 개나 있습니다. 제가 학생이었던 반세기 전부터 있었는데 아직도 있다고 해서 깜짝 놀랐어요. 상대 대학으로는 다른 여대가 많다고 합니다. 한마디로 평균보다는 조금 수준이 높지만 나를 능가하지는 않는 게 좋다는 남학생의 흑심이 빤히 보이죠.☺

도쿄대 남자는 도쿄대 여자를 별로 좋아하지 않아요. 왜냐고요? 자기와 비슷하거나 더 우수하기 때문이죠. 왜 남자는 여자가 우수하면 곤란해하는 걸까요? 답은 간단합니다. 자기를 우러러봐 주지 않기 때문이죠. 다른 여학생은 "도쿄대생이라니, 대단하다"라며 눈이 하트 모양이 되는데 말이에요.

이런 남성을 '아재'라고 합니다. 도쿄대 남학생은 젊었을 때부터 아재라는 말이죠(여기서 말하는 아재란 중장년층 남성을 가리키는 게 아니에요. 자기중심적이고 거만하며 여자와 아이 등 약자를 차별하는, 상상력은 없으면서 둔감력은 높은 사람을 말합니다. 연령과 성별에 상관없이 여자 중에도 이런 사람이 가끔 있어요). 할머니는 주변에서 아재들만 봐왔기 때문에 언니에게 '남자에게 인기를 얻으려면' 도쿄대에 가지 말라고 한 거예요.

할머니의 조언이 똥 같다고 말한 이유는 세상에 아재들만 있는 게 아니기 때문이에요. 걱정하지 않아도 도쿄대 여학생의 결혼률은 높고, 오히려 여자가 적은 만큼 인기도 많아요. 게다가 그런 아재 같은 남학생에게 선택받아 봤자 뭐가 기쁘겠어요? 아재 같은 남자와 결혼하면 평생 그 남자의 자존심을 치켜세워 주며 살아야 해요.

지금의 '결혼'이라는 것은 할머니 시대처럼 '시집 가는' 것이 아니라 두 사람이 서로를 선택하여 새로운 가정을 만드는 일입니다. 그러니 의지할 수 있는 현명한 여성을 원하는 게 당연하죠. 도쿄대에 도전하는 언니를 응원해 주세요. 그리고 질문자도 그 뒤를 이어 봐요.

일류대에 여학생이 적은 이유

우에노 선생님이 도쿄대 입학식에서
축사(222쪽 참조)하신 것을
SNS로 봤습니다. 거기서 **도쿄대의 여학생
비율이 20퍼센트**라는 이야기를 듣고
깜짝 놀랐어요. 그도 그럴 것이
세상의 절반은 여성이잖아요.
**도쿄대에 여자가 입학할 수 있게 된 것도
전쟁 이후**라는 이야기를 듣고
또 한 번 놀랐어요.
다른 선진국도 그런가요?

맞아요. 저도 깜짝 놀랐습니다.

지금은 18세 여학생의 절반 정도가 4년제 대학에 진학합니다. 그런데 도쿄대만은 여학생 비율이 전혀 늘지 않고 아직도 20퍼센트 전후를 맴돌고 있어요. 사실 도쿄대 교수들도 어떻게 하면 여학생이 늘어날까 머리를 싸매고 있어요. 혹시나 해서 말하지만 도쿄대에 입시 부정은 없습니다. 도쿄대 여학생이 늘어나지 않는 것은 도쿄대를 목표로 하는 여학생이 늘지 않기 때문이에요. 수험생의 여자 비율과 합격자의 여자 비율이 거의 동일하다면 차별은 없다고 할 수 있습니다. 남자와 여자의 성적 분포는 거의 같은데 성적이 높은 여학생이 도쿄대 시험을 치지 않기 때문에 도쿄대 여학생이 늘어나지 않는 거라고 할 수 있습니다. 그 이유는 뭘까요? 앞에 나오는 할머니 같은 사람이 여학생의 의욕을 꺾어 버리기 때문이겠죠. 할머니뿐만이 아니에요. 진로상담 선생님도 "여자니까 무리하지 않아도 돼"라질 않나 도쿄대 시험을 보겠다고 하면 주변에서 "여자애가 대단하네"라며 특이하다고 생각합니다. 지방에 사는 여학생이라면 부모가 그 지역을 떠나는 것 자체를 허락하지 않기도 합니다.

여자는 어린 시절부터 자신의 성취욕이나 포부를 차갑게

식히는 일과 마주치곤 합니다. "여자아이니까 그렇게 애쓰지 않아도 돼" "너무 잘나면 귀엽지 않아"라고 말이죠. 여럿이 합세하여 온갖 방법으로 여자아이의 의욕을 눌러 버립니다. 혹시 자신도 가담하고 있는 건 아닌지 돌아봅시다.

대학 중에 여학생의 입학을 처음으로 허가한 것은 도호쿠 제국대학이라고 앞에서 말했죠. 이 학교는 1913년에 처음 생기고 나서 얼마 지나지 않아 독자적으로 여성 네 명의 수험을 인정하였는데, 그중 세 명이 합격했습니다. 이 셋은 일본 최초의 여성 학사가 되었고, 그중 두 명은 박사가 되어 계속 연구를 이어 나갔습니다. 의사가 되기 위한 의학전문학교도 여성에게는 닫혀 있었습니다. 이 학교의 문을 계속 두드려 끝내 입학에 성공하고, 남학생들에게 괴롭힘을 당하면서도 일본의 첫 번째 여성 의사가 된 사람이 오기노 긴코 씨입니다. 당시에는 의학교를 졸업해도 국가고시는 칠 수가 없었습니다. 여성은 능력이 있어도 도전조차 허락받지 못했던 거예요. 패전 이후 신제新制도쿄대학의 첫 여학생은 신입생 898명 중 19명, 즉 2.1퍼센트였습니다. 남성이 신기한 눈으로 쳐다봐도 그저 참을 수밖에 없었습니다.

여학생의 역사는 참으로 고난의 역사입니다. 지금 여러분이 당연하게 대학 진학을 생각할 수 있게 된 것은 이런 선배들이 길을 개척해 준 덕분이라는 것을 가끔은 떠올려 주세요.

외국은 일본과는 크게 다릅니다. OECD 가맹국을 놓고 보면 18세의 대학 진학률은 남자보다 여자가 높습니다. 왜냐하면 여자가 더 성적이 좋으니까요.☺ 이 중에서는 일본이 제일 낮습니다. 다른 나라는 학생뿐만 아니라 교수나 학장 중에도 여성이 많습니다. 서양의 명문 하버드대학이나 케임브리지대학에서도 여성 학장이 탄생했습니다(2007년, 2003년). 반면 도쿄대에는 창립 이래 한 명도 없습니다. 도쿄대에 '첫 여성 교수'가 탄생한 것은 1970년입니다. 저는 도쿄대 문학부의 두 번째 여성 교수였어요. 일본은 다른 나라의 추세를 따라가지 못하고 있는데 도쿄대는 특히 더 심합니다.

여성이 고등교육을 받기 어려운 이유는 앞에서 말한 것처럼 부모와 주변 모두가 교육을 시켜도 보답을 받기 어렵다(투자 수익이 떨어진다)고 생각하기 때문입니다. 어차피 집에서 살림을 할 거라면 교육받을 필요가 없다, 그러니 그 자리를 남자아이에게 양보하라는 거죠.

여자의 고등교육을 꺼리는 이유는 또 있습니다. '여자가 고등교육을 받으면 건방져져서 좋을 게 없다'고 생각하기 때문입니다. 바로 이런 생각이 '도쿄대에 가면 시집을 못 간다' 신화를 만든 거예요. 남자가 주인이고 여자가 시종인 남존여비 사회에서 여자는 남자보다 열등한 게 낫다는 거죠. 왜냐고요? 그래야 남자가 여자를 다루기 쉬우니까요. 남편이 아내에게 바보 같다며 큰 소리를 칩니다. 그럼 왜 바보 같은 사람을 아내로 골랐을까요? 그야 '(자기보다)바보니까' 선택한 거죠. 그래야 앞으로 평생 상대를 바보 취급 할 수 있으니까요. 남자는 단순하니까 능숙히 조종하려면 '바보인 척' 하라고, 친절하게 '충고'해 주는 아줌마와 언니도 있습니다. 그래서 도쿄대 여학생은 남자보다 똑똑해도 '바보인 척'을 합니다.

하지만 '단순한 놈'을 자빠트리고 '바보인 척' 하면서 만든 관계가 재미있을까요? 평생 그런 관계를 지속하고 싶나요?

여러분이 만약 존중할 만한 재능과 노력의 소유자를 만나고 싶다면, 상대방도 여러분의 재능과 노력을 존중해 줘야 합니다. 서로 존중할 수 있는 상대와 관계를 맺는 것이 당연히 훨씬 좋을 거예요.

여자는 부족한 편이 낫다?

저희 집은 부모님이 맞벌이를 하시는데
엄마가 돈을 더 잘 법니다.
그런데 이런 부부는 사이가
나빠진다나 봐요.
학력도 여자가 남자보다 높으면 안 되고,
키도 남자보다 작아야 사귈 때나
결혼할 때 유리하다고 합니다.
친구는 **이런 게 세상의 상식**이라고
하는데요, 정말 그런가요?

흐음, 지금까지 나온 질문이랑 비슷하네요. 학력 격차, 학교 격차, 다음은 수입 격차와 신장 격차인가요?☺ 이거든 저거든 여성이 남성보다 조금 열등한 편이 좋다는 가치관이 있지요. 그나저나 질문자의 부모님은 사이가 좋은가요?

반대로 생각해 봅시다. 대부분의 가정은 남편의 수입이 아내보다 많은데, 그렇다고 해서 부부 사이가 좋은가요? 부부 사이와 수입의 많고 적음은 관계가 없어요. 거기다 남편의 수입이 아내보다 많은 이유는 남성의 지위가 여성보다 올라가 있어서지, 절대 남성의 능력이 여성보다 뛰어나서가 아닙니다.

지금까지 나온 질문들을 보면 남성은 학력, 성적, 능력, 수입, 지위, 신장 등 모든 면에서 자신과 비슷하거나 그 이상인 여성을 멀리하는 경향이 있다는 것은 확실합니다. 우수한 여성은 '건방지다'거나 '귀엽지 않다'는 말을 듣습니다. 귀여우면 인기가 많다는데 과연 '귀엽다'는 건 뭘까요? '귀엽다'는 건 상대방에게 '당신을 절대 위협하지 않는다'라는 보증이나 마찬가지예요. 그래서 '귀여운' 동안에는 귀여움을 받습니다. 하지만 귀엽지 않으면 두려워하죠. 그 정도에 위협을 느끼다니, 거만한 남자의 자존심이란 참 보잘것없네요. 그런 초라한 남자를 상대해 봤자 좋을 게 없으니 상대하지 않으면 될 일입니다.

만약 여러분이 학력, 성적, 능력, 수입, 지위, 신장 등에서 우수한 여성이라면, 쩨쩨하고 거만한 남자들은 이미 여러분을 피하고 있기 때문에 오히려 스트레스가 없고 편할 거예요.

남자가 언제 자기효능감을 느끼는지를 알아본 심리학 실험이 있습니다. 이 실험에 따르면 남자는 '일을 해서 돈을 버는 것(수입의 크기)'에 가장 높은 효능감을 느낀다고 합니다. 즉 남자의 자존감을 지탱하는 것은 '나는 이만큼 번다'는 사실이라는 거죠. 결국 이거였던 거예요. 왜 아재들이 사사건건 "지금 누구 돈으로 먹고사는지 알아?"라고 하는지 이제 이해가 되죠?

남성이 일자리를 잃거나 다니던 회사가 도산해서 돈벌이가 사라지면 그의 정체성은 큰 위기에 빠집니다. 능력이나 수입이 상대보다 우위가 아니라는 것을 알게 되면 두말할 것 없이 시작되는 것이 바로 폭력입니다.

레슬링 선수인 여성을 때리려는 남성은 물론 없겠죠. 하지만 대부분 남성은 여성보다 완력이 강하기 때문에 가정폭력이 시작됩니다. 가정폭력을 행사하는 남성을 연구한 바에 따르면, 교제를 시작했을 때나 결혼 초기부터 폭력적이었던 남편은 별로 없다고 합니다. 만약 그랬다면 애초에 그런 남자를 선택하지 않았겠죠. 결혼하고 나서 '아내가 도망가지 않는다/도망가지 못한다'는 걸 알게 되면, 또는 부부의 권력관계가 바뀌면 폭력을 휘두르기 시작한다고 합니다. 참 비열하죠. 아재가 될지 말지는 DNA로 결정되는 게 아니에요. 상황이 바뀌면 아재로 변하는 겁니다. 그러니 '아차' 싶으면 부부관계를 취소합시다.

질문자의 부모님은 줄곧 맞벌이를 해왔고 아내의 수입이 더 많다는 것을 가족 모두가 알고 있습니다. 그런데도 부부 사이가 좋다면 질문자의 아빠가 그저 그런 쩨쩨한 남자가 아니라는 뜻이에요. 엄마 아빠를 자랑스럽게 생각합시다.

'여자'가 들어가는 단어

학교 가는 지하철 안에서 아줌마 몇 명이
큰 소리로 떠들었습니다. 승객들은 모두
불만스런 표정으로 쳐다봤어요.
그런데 아줌마들을 함께 쳐다보고 있던
친구가 "이래서 여자들은 안 돼"라고
하는 거예요. 시끄러운 게 여자의 특징만은
아닐 텐데……. 그러고 나니 왠지 **'여자'가
들어가는 말**은 **어두운 느낌**이 들어요.
며느리(嫁), 시어머니(姑), 아녀자(女こども)…….
이것 또한 여성차별 아닌가요?

한자 중에 여자가 들어가는 걸 한번 찾아볼까요?

머느리, 시어머니, 언니, 여동생(妹)은 그럭저럭 괜찮은 편이지만, 종·노예를 뜻하는 종 노(奴) 자, 간사할 간(奸), 요사할 요(妖), 미워할 질(嫉), 샘낼 투(妬)……. 확실히 별로 좋지 않은 의미의 한자가 많아 보이네요.

한자를 만든 것은 대략 3500년 전의 고대 중국인이고, 그 토대가 된 것은 상형문자였습니다. 부인 부(婦) 자는 여자가 앉아 있는 모습 옆에 빗자루(帚)를 붙인 것이라고 합니다. 청소하는 사람=부인이라는 걸까요? 몇 년 전 인공지능학회가 학회지 표지에 청소 로봇 일러스트를 게재했는데, 그 로봇은 젊은 여성의 모습이었습니다. 하이테크 시대의 AI 연구자가 여전히 3500년 전의 여성관을 고수하고 있다니, 참으로 경이로운 일입니다. 분명 AI 연구자들(거의 남성이죠)의 집에서는 오로지 여자만 청소를 하거나, 아니면 청소는 여성의 역할이라고 확신하고 있는 거겠죠. 기술이 아무리 새로워져도 머릿속은 여전히 낡은 상태, 그 전형적인 예라고 할 수 있습니다.

여러 분야에서 항의를 받아 이제 '부인'이라는 한자는 거의 사용하지 않게 되었습니다. 일본에서는 1975년 세계 여성의 해(International Woman's Year)를 '국제부인년(国際婦人年)'으로 번역하다가 지금은 '국제여성년'이 되었고, 조약은 '유엔여성차별철폐협약'이라고 번역합니다.

말이라는 것은 살아 있을 뿐만 아니라 마성을 가지고 있기도 합니다. 말에 지배당하기도 하니까요. '출가하다(嫁)'라는 말을 들으면 기분이 나빠지는 이유는 '집에 붙어 있는 여자'라는 뜻이기 때문입니다. 나는 남편과 결혼한 것이지 남편 집에 붙어 있는 여자가 아니라고 말하고 싶어지네요.

가상의 AI 아내와 살고 있는 남성의 경험담을 읽은 적이 있습니다. 집에 돌아오면 삼차원 홀로그램의 미녀가 "오셨어요, 마스터님"이라고 말합니다. '마스터'란 '주인'을 말하죠. AI 아내는 하인인가요? 가상현실이라는 최신 하이테크 기술로 실현하고 싶은 게 고작 주인님 망상이었다니, 맥이 빠졌습니다. 바로바로 말대답을 하는 살아 있는 아내보다 순종적이고 다루기 쉬운 AI 아내를 더 선호하는 남성도 나타나겠죠. 그런 남성은 그냥 내버려둡시다.

또 한 가지 덧붙이자면 일본어에는 경어 표현이 있습니다. 옛날에는 아내가 남편에게 존댓말을 썼다는 걸 알고 있나요? '설마, 말도 안 돼!'라고 생각하겠죠? 제가 20년쯤 전에 학생들을 대상으로 조사했을 때, 집에서 아내가 남편에게 존댓말을 쓰는 가정은 한 집도 없었습니다. 경어는 하인이 주인에게 쓰는 말입니다. 하지만 제 친구는 남편에게 "주인, 차 끓여"라고 합니다. 이건 말을 역으로 이용해서 놀리는 방식이죠. 말은 도구니까 다양한 방식으로 사용할 수 있습니다. 말을 어떻게 사용하는지만 봐도 그 관계를 알 수 있겠죠.

다양한 삶을 도울 수는 없을까?

저희 집은 한부모 가정입니다.
다행히 엄마에게 안정적인 일자리가 있어
(없었다면 이혼할 용기가 나지 않았을 거라고 합니다)
저는 경제적인 어려움을 모르고 자랐습니다.
아빠도 좋은 사람(?)이라 양육비도 받고 있습니다.
친구 말로는 이런 경우가 별로 없다고 하더라고요.
친구는 엄마와 가정폭력을 휘두르는 아버지로부터
도망쳤는데 엄마가 그 와중에 일을 그만뒀기 때문에
지금은 아르바이트를 전전하며 간신히 생활비를
번다고 합니다. 그래서 대학도 학비가 싼 국공립대를
지망하지만 그것도 장학금 없이는 못 간다고 하네요.
양육비를 제대로 받을 수 있는 시스템이나 형편이
어려운 **한부모 가정을 위한 지원시스템** 같은 건
없나요? 없다면 만들 수는 없는지 궁금합니다.

흐음, 질문자의 엄마는 이혼할 수 있는 경제력이 있었네요. 아빠도 양육비를 계속 내주고 있는 '좋은 사람'이고요. 정말 다행입니다.

엄마는 이혼 후 달라졌나요? 이혼에 대해서는 질문자와 이야기를 나눴나요? 분명 이혼 후에 엄마는 밝아졌겠죠? 한부모 가정의 육아는 매우 힘들겠지만, 매일 남편 때문에 받던 스트레스가 사라졌으니 그만큼 긍정적으로 바뀌었을 거예요. 이혼의 원인이 남편 쪽에만 있는(외도라던가) 경우가 있죠. 바람을 피우는 남편을 매일 견뎌야 하는 스트레스에 비교한다면, 혼자가 되는 것이 훨씬 상쾌하고 후련합니다. 그래서 일본에서는 이혼율이 상승하고 있어요. 그만큼 여성이 자유로워진 덕분이라고 할 수 있습니다. 이혼할 수 없는 사회보다 이혼하기 쉬운 사회가 여성에게는 훨씬 낫습니다.

그런데 이혼을 한 대부분의 여성은 금세 가난해집니다. 질문자 같은 경우는 아주 드물어요. 한부모 모자 가구의 2015년 평균 연수입은 약 214만 엔입니다.[*] 이 돈으로 아이를 키워야 하는 거예요! 싱글맘 가구의 빈곤율은 51.4퍼센트(노동정책연구·연수기구 '제5회 육아세대 전국조사 2018')입니다. 이는 이혼 전에 이미 결혼과 출산으로 일을 그만뒀기 때문입니다.

이혼 후 아이를 키우면서 재취업을 하는 것은 쉬운 일이 아닙니다. 아이가 있는 여자에게는 할 일이 파트타임이나 아르바이트 등 비정규직밖에 없습니다. 이 돈으로는 혼자서도 먹고 살기 어렵기 때문에 투잡, 쓰리잡을 뛰는 경우도 있습니다. 새벽부터 도시락 가게에서 일하고 낮에는 마트 계산대, 저녁에는 지인의 가게 일을 돕는 것 같은 패턴이죠. 아이의 잠든 얼굴을 볼 수 있을 뿐인 생활이 되기 십상입니다. 여러분은 이렇게 생각할지도 모릅니다. '이렇게 힘들고 가난하게 살아야 하는데 이혼을 왜 하지?' 하지만 이혼하는 게 나은 결혼도 있어요. 남편이 폭력을 휘두르거나 아이를 학대한다면 아이를 지키기 위해서라도 도망치지 않겠어요?

가정폭력남은 대개 처음부터 그랬던 건 아니라고 앞에서 이야기했죠? 남편의 환경이 바뀌거나 부부의 권력관계에 변화가 생기면 '내가 지배자다, 무조건 내 말을 들어'라는 가장

● 우리나라에서 2018년 전국 한부모가족 가구주 2,500명을 대상으로 조사한 결과에 따르면 한부모 가구의 월 평균소득은 약 220만원으로 전체 가구 소득 대비 절반 수준이었다. 같은 조사에서 전체 한부모 가구 중에 모자 가구가 51.6퍼센트, 부자가구는 21.1퍼센트였다. 모자가구는 근로사업소득이 169.4만원인데 비해 부자가구는 247.4만원이었다. 한부모 가구에서도 어머니와 자녀로 구성된 가구는 수입이 더 적은 것이다. 출처: 여성가족부 「2018 한부모가족 실태조사」

노골적인 권력, 즉 폭력을 휘두르게 되는 것입니다. '아차' 싶을 때 취소할 수 있는 관계가 안전한 관계입니다. 그러니까 전업주부가 되고 싶다는 앞의 질문자는 리스크가 너무 큰 선택을 하게 되는 거예요. 몇 번이고 말해 주고 싶네요. 아내가 자유롭게 이혼할 수 있는 사회는 그렇지 않은 사회보다 훨씬 좋은 사회입니다.

부부가 이혼을 하더라도 부모 자식의 인연은 끊을 수 없습니다. 아이에게 양육비를 지불하고 있는 경우는 이혼 커플의 40퍼센트(후생노동성 조사, 2016년)에 그치고, 금액도 한 달 평균 4만3,000엔 정도입니다.**

국립대학 문과 계열의 첫 해 학비는 입학비를 포함하여 약 82만 엔(2020년 3월), 한 달로 치면 7만 엔 정도니 여기에도 미치지 못합니다. 그것도 처음에만 보내고 점점 밀리다가 3년이 지나면 거의 80퍼센트가 보내지 않는다는 사실이 밝혀졌습니다. 남성이 재혼을 하면 바로 끊기는 경우도 있습니다.

아이는 혼자서 낳은 게 아니니 양육비는 반드시 보내야 합

** 왼쪽과 같은 조사에서 한부모 가구 통틀어 78.8퍼센트는 양육비를 받지 못하고 있었다.

니다. 보내지 않는다면 어떻게 해야 할까요? 아내가 청구를 할 수는 있습니다. 그래도 보내지 않는다면 소송을 걸어 상대의 자산을 압류하는 '강제집행'도 가능합니다. 법률상으로는 말이죠. 하지만 그렇게까지 하는 여성은 거의 없습니다. 헤어진 남편과 두 번 다시 얽히고 싶지 않아서일 뿐만 아니라, 소송을 할 만한 시간과 에너지가 남아 있지 않기 때문입니다.●

조금 더 쉬운 방법은 없냐고요? 있습니다. 북유럽에는 헤어진 남편의 월급에서 나라가 대신 양육비를 떼 주는 시스템이 있습니다. 이렇게 하면 못 받을 일이 없겠죠? 어떻게든 안

● 양육비를 지급받기 위해서는 법원에 양육비 청구소송을 제기하면 된다. 그러나 혼인관계에서 아이를 출산하지 않은 경우, 전 배우자와 장기간 연락하지 않은 경우 등이 있어 소송 준비 단계부터 쉽지 않다. 또한 법적으로 소송을 제기한 쪽에서 상대방에게 양육비를 지급할 만한 경제적 의무와 지급 의무가 있다는 사실을 입증해야 하므로 소송을 건다 해도 승소까지 이어지기란 쉽지 않다. 여기에서 승소하더라도 상대가 양육비를 끝까지 지급하지 않으면 강제집행을 법원에 신청해야 한다. 이처럼 과정이 복잡할 뿐 아니라 승소한다 해도 지급 의사가 없는 상대로부터 양육비를 온전히 받기란 너무나 어렵다. 이런 이유로 앞의 여성가족부 실태조사에서 양육비청구소송을 해본 경험이 있는 사람은 전체의 7.6퍼센트에 불과했다. 2021년 양육비이행법이 개정되어 여성가족부는 양육비 미지급자의 신상(이름, 근무지, 주소, 직업, 미지급 금액과 기간)을 공개할 수 있게 됐다. 또한 양육비 미지급자의 운전면허를 100일간 정지한다든가 출국을 6개월 금지할 수 있는 법안도 신설되었다. 그러나 이 법은 미지급자가 쉽게 회피할 수 있다는 점에서 미비한 점이 있다.

주고 싶다면? 실직을 하거나 외국으로 도망가는 수밖에 없습니다. 남자가 지불할 능력을 잃는다면 나라가 대신 돈을 내줍니다. 그만큼 나라에 빚을 지는 것이라서 이 돈은 남편이 언젠가는 반드시 갚아야 합니다. 나라와 전 남편 사이에서 돈이 오가는 방식이기 때문에 아내는 관여하지 않아도 됩니다. 매달 나라가 양육비를 징수해 준다니 정말 괜찮은 시스템이죠.

왜 일본은 이게 안 되냐고요? 그러게 말이에요. 참 이상하죠. 양육비 강제 징수를 법제화하려는 움직임은 현재 일본에는 없습니다. 아이가 생겼다면 그 책임에서 벗어날 수 없는 게 당연한데 말이죠. 스웨덴에서는 결혼을 하지 않은 상태에서도 남성이 아이의 존재를 알게 된다면, 그 아이가 열여덟 살이 될 때까지 계속 양육비를 지불할 의무가 발생합니다. 스웨덴에서 아들을 키우던 제 친구는 아들에게 항상 이런 말을 한다고 해요. "여자 친구가 오늘은 안전한 날이라고 해도 절대로 그 말을 믿으면 안 돼." 피임은 남자의 의무입니다. 단한 번의 원치 않은 임신으로 18년간 무거운 짐을 짊어져야 한다면, 남자들은 섹스에 조금 더 신중해지겠죠.

일본 법률은 남자가 책임을 회피하기 쉽게 만들어져 있습니다. 남자에게는 상당히 인심이 후한 사회입니다. 여러분 학교에는 재학 중에 임신한 학생이 없었나요? 임신에는 반드시 상대방이 존재합니다. 그럼에도 여학생만 자퇴하거나 퇴학 처분을 받고, 남학생은 아무 일 없이 학교를 다니는 모습을 본 적은 없나요? 남자는 이렇게 무책임을 배워 가는 거예요.

일본의 교육 예산은 OECD 국가 중 가장 빈약하여 본인과 가족의 부담으로 이루어지고 있는 실정입니다. 따라서 학력은 곧 부모 경제력의 증표가 되었습니다. 한부모 가정 등 경제적으로 여유가 없는 가정의 아이는 불리해지기 쉽습니다.* 2020년부터 고등교육 무상화가 실시되었지만, 그 대상은 연수입 270만 엔 이하의 비과세 세대로 한정되어 있습니다. 원하면 누구라도 무상으로 고등교육을 받을 수 있다면 좋겠네요.

게다가 코로나 때문에 주로 요식업 분야에 많았던 학생 아르바이트 자리가 격감했습니다. 생활비를 아르바이트 급여에 의지했던 학생 중에는 어쩔 수 없이 자퇴를 한 사람도 있습니다. 일본은 미래를 이끌어 갈 젊은이에 대한 투자를 너무 아끼고 있어요. 이래서는 위험합니다.

어떻게 하면 좋을까요? 고등학생이라면 18세 선거권을 앞두고 있습니다. 2019년에 문부과학성 장관이 대입 시험 중 영어 과목을 민간 회사에 위탁하겠다고 말한 적이 있습니다.

그러자 10대의 젊은이들이 반대 운동을 펼쳤습니다. 시험장은 주로 도시에 집중되어 있으니, 유료 시험을 몇 번이든 볼 수 있는 도시의 수험생만 유리하기 때문이죠. 10대의 반발 덕분에 문부성은 이 제안을 바로 취소했습니다. 정치가는 이렇게 유권자의 동향에 민감합니다. 제도를 바꾸는 것은 정치입니다. 여러분도 정치를 바꿀 수 있습니다.

- 우리 사회에서도 부모의 사회·경제적 지위가 자녀의 대학 진학, 나아가 졸업 이후 일자리를 결정하는 중요한 요인이 되었음을 이제 부정하기 힘들다. 한국 교육개발원이 2018년에 발표한 브리핑 자료 "부모 소득에 따라 자녀의 대학 진학 유형과 첫 일자리 임금이 다르다"에 따르면 부모 소득이 낮은 집단의 자녀들과 높은 집단의 자녀들이 각각 서울 4년제 대학에 진학하는 비율은 7~8퍼센트, 25~30퍼센트로 큰 차이를 보인다.

부모 소득에 따라 진학하는 대학 유형의 차이

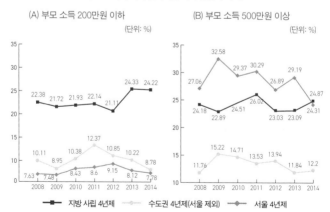

(A) 부모 소득 200만원 이하 (단위: %)

(B) 부모 소득 500만원 이상 (단위: %)

■ 지방 사립 4년제   ◇ 수도권 4년제(서울 제외)   ◆ 서울 4년제

부부는 성이 같아야 한다?

결혼하면 왜 상대방의 성으로
바꿔야하는 걸까요?
부부별성'이 일본에서
인정받지 못하는 이유는 뭔가요?

● 태어나서 부여받은 성을 결혼과 상관 없이 유지하는 제도. 일본은 결혼한 부부
는 남편 혹은 부인의 성을 따르게 하는 부부동성 제도를 택했다.

반드시 '상대방의 성'으로 바꿔야 하는 건 아니에요. 일본 법률은 '부부동성'을 원칙으로 정해 두었을 뿐이지, 남편의 성이든 아내의 성이든 상관이 없습니다. 고민이 된다면 가위바위보로 정해도 돼요. 그래서 부부별성 건으로 계속 소송을 걸어도 받아들여지지 않고 있습니다. 최고재판소(한국의 대법원에 해당)의 2015년 판결은 '부부동성' 법률은 '남녀평등 원칙에 위배되지 않는다'였어요.

하지만 현실에서는 결혼하는 커플의 90퍼센트 이상(96퍼센트)이 남편의 성을 따르고 있습니다(2016년도 후생노동성 조사). 성을 선택할 때 남자와 여자는 절대 평등하지 않아요. 혼인신고는 부부가 새로운 호적을 만드는 것인데, 지금도 여성에게만 '입적 한다' '시집을 간다'라고 말하는 것은 '남편의 집으로 아내가 들어간다'라는 옛날 사고방식이 사라지지 않았기 때문입니다.

법률과 현실 사이에는 항상 괴리가 있습니다. 겉으로는 평등해 보여도 실제로 결혼으로 성이 바뀐다는 불이익을 받는 쪽은 여성이 압도적으로 많습니다.* 그런데도 최고재판소는 이를 고려해 주지 않습니다. 현재 최고재판소의 판사 15명 중 여성은 3명입니다. 2015년 판결 때는 15명 중 10명이 부부동성을 합헌, 남성 2명을 포함한 나머지 5명이 위헌이라고 판단했습니다. 여성 판사 3명은 모두 반대 의견을 낸 거죠. 분명이 여성 판사들도 그동안 많은 고생을 해왔을 거예요. 만약여성 판사가 조금 더 많았다면 판결은 뒤집어졌을지도 모릅니다. 법학자들 사이에서는 부부동성을 강제하는 것은 '위헌'이라는 의견이 지배적이에요.

그렇다면 왜 여성이 남편의 성으로 바꾸냐고요? 결혼 상대를 찾을 때는 보통 삼고(三高, 학력·연봉·키가 높은 사람) 상대를 물색하지 않나요? 프러포즈도 자신이 하기보다는 상대방이 하도록 유도하지 않나요?

여자는 남자에게 '선택받았다'고 뽐내고 싶어 합니다. 그러니 '선택한' 쪽이 우위에 서는 것은 당연해요. 결혼 시작부터 남편과 아내의 협상력에는 차이가 생기니 대등한 관계일 수가 없습니다. 따라서 여자 쪽이 쉽게 물러서 주거나 남자를

● 결혼 전에 업무상 사용하던 이름을 바꿔야 한다는 불편함과 주민표, 여권, 면허증, 은행계좌 명의 변경 등 방대한 수고가 발생합니다. 또 결혼, 이혼, 재혼 때마다 성이 바뀌면서 사생활이 저절로 노출됩니다. 성을 바꾸지 않는 남성은 이런 난처함을 겪지 않아도 됩니다. 법적으로는 성이 바뀌어도 평상시에는 결혼 전 성을 그대로 사용하는 '통칭 사용'도 늘어나고 있지만, 통칭과 법률상의 이름이 다르면 또한 여러 가지 불편과 갈등이 발생할 수 있습니다. —지은이

치켜세워 주게 됩니다. 그 결과 남편의 성을 선택하는 커플이 90퍼센트라는 숫자로 나타난 거예요.

반대로 '나를 사랑한다면 내 성으로 바꿔'라는 것도 상대에게 불리함과 불편을 강요하는 것입니다. 아무도 희생하지 않도록 빨리 부부별성을 택할 수 있게 되었으면 좋겠습니다.

2018년 〈아사히신문〉 여론조사에서는 부부별성 선택제를 지지하는 사람이 69퍼센트에 이르렀습니다. 따라서 최고재판소 판사의 의견은 여론과도 동떨어져 있다고 할 수 있습니다. 부부별성 선택제는 '선택할 수 있다'라는 제도이지 반드시 별성이어야 한다는 강제성은 없습니다. 동성으로 하고 싶은 사람은 그렇게 하고, 그렇지 않은 사람은 별성을 선택해도 된다는 것이기 때문에 아무도 불행하지 않습니다. 현재의 '부부동성' 제도에는 강제성이 있습니다. 강제성을 없애고 선택을 할 수 있게 하자는 것인데, 이에 반대하는 이유를 저는 도저히 이해할 수가 없네요. 국회의원 중에는 강력한 반대파도 있습니다. 반대파의 입장은 가족 중에 성이 다른 사람이 있으면 가족의 일체감이 깨진다는 거예요. 하지만 성이 같아도 제각각인 가족이 있고, 성이 달라도 사이가 좋은 가족은 얼마든지 있습니다. 자신이 인정할 수 없으면 다른 사람도 하면 안 된다는 강요로 보일 뿐이에요.

　유엔은 일본 정부에게 남녀평등을 추진한다면 부부별성을 허락하라고 꽤 오래전부터 권고하고 있습니다. 그런데도 현 정부는 그 말을 들으려고 하지 않아요. 여러분이 결혼하기 전에는 꼭 부부별성 선택제가 실현되었으면 좋겠습니다.

간병은 여자의 역할?

엄마는 제게 노후를
잘 부탁한다고 말합니다.
노후를 위해 저를 낳은 걸까요?
결혼하면 남편의 부모도
제가 돌봐야 하나요?
너무 힘들 것 같습니다.

등골이 오싹하네요. 자식이 노후보험이란 말인가요. 물론 엄마는 자식을 키우느라 고생하셨고 몸이 약해지시면 돌봐드릴 수도 있습니다. 하지만 오로지 나에게 의지한다면 못 견딜 것 같네요. 자식을 한 명이 아니라 다섯 명 정도 낳아 줬다면 부담을 나눌 수 있을 텐데. 게다가 엄마는 아들이 아니라 딸이라서 다행이라고 생각할지도 몰라요.

"남자아이는 여자친구가 생기면 그쪽에 뺏기니까"라고 말하는 사람을 본 적이 있습니다. 본인이 진즉에 그랬으니까요. 외가에는 자주 가지만 친가에는 명절에만 가는 집, 아예 "당신 혼자 다녀와"라고 하는 아내도 있는 것 같더라고요.

딸은 자신의 소유이고 노후의 간병을 부탁할 사람이라고 부모, 특히 엄마가 그렇게 생각하는 경향이 있는 것 같습니다. 아마도 자신보다 연상인 남편이 먼저 죽을 테니 남편을 간병한 후에 혼자 남은 자신을 돌보는 것은 딸의 역할, 그러니 각오해 두라는 거죠.

평생 아이를 한 명만 낳는다면 딸과 아들 중 어느 쪽이 좋을지를 묻는 출생동향 기본조사라는 게 있습니다.* 딸과 아들이 역전된 것은 1987년으로, 남존여비 의식이 강한 동아시아(중국, 대만, 한국, 일본) 중에서 일본만 이례적으로 달랐습니다. 다른 나라는 지금도 아들을 원한다고 합니다. 외동 정책을 취하고 있는 중국(2016년부터는 두 명까지 낳을 수 있게 되었습니다)은 신생아의 출생 성비(여아 : 남아)가 100대 115입니다. 자연 출생 성비(자연적인 상태에서 태어나는 신생아의 남녀 비율)가 100대 105 정도니, 중국의 출생성비 뒤에는 뭔가가 숨어 있다는 생각이 드는 게 당연하겠죠. 생식 기술에 의한 남녀 구분 출산이나 선택적 중절, 경우에 따라서는 여아 영아살해까지 상상해 볼 수 있는 숫자입니다. 여자아이는 태어나기 전부터 환영받지 못하는 거예요. **

그렇다면 일본에서 여자아이가 환영받는다는 것은 여자아이의 지위가 상승했다는 증거일까요? 유감스럽게도 그런 생각은 들지 않네요. 여기에는 여자아이는 계속 곁에 두고 귀여

- 한국리서치에서 2021년 1,000명에게 설문조사를 한 결과 '아들이 하나는 있어야 한다'라는 응답은 32퍼센트, '딸이 하나는 있어야 한다'는 응답은 57퍼센트였다.

** 통계청은 해마다 인구동향 조사에서 출생성비를 밝히는데, 2021년에는 105.2명으로 나타났다. 역대 최고로 출생성비에서 남아 출생 비율이 높았던 해는 1990년으로 116.5에 달했다. 이후 점차 하향하면서 2007년을 기점으로 자연 상태에서 나타나는 비율에 도달했다. 과거에는 셋째 아이 이상인 경우 남아 비율이 극적으로 높았는데, 이 또한 거의 사라졌다. 이는 남아 선호 현상이 거의 사라졌음을 시사한다.

위할 수 있고, 자신이 하는 말을 잘 들어 주며, 노후에는 나를 돌봐 줄 수 있다는 계산이 숨어 있습니다. 질문자의 어머니도 마찬가지예요. 옛날에는 아들이 어른이 되면 아들의 경제력에 의존했지만, 지금은 고령자에게도 연금이 있기 때문에 아들에게 의지하지 않아도 됩니다. 그러니까 연금제도는 세대 간의 용돈 제도라고 생각하면 됩니다. 아들이 매달 용돈을 보낸다면 부모가 면목이 없잖아요? 하지만 나라가 남녀 노동자부터 돈을 받아 고령자에게 연금으로 지불하면 노인의 당당한 수입이 됩니다. 돈에는 이름이 붙어 있지 않으니 그 돈으로 손자에게 용돈을 줄 수도 있어요. 따라서 아들의 경제력에 의지할 필요는 사라진 거죠. 대신 불안해진 것이 간병입니다. 몸이 불편해졌을 때 자신을 돌봐 줄 사람으로는 어느 모로 보나 아들보다 딸이 의지가 됩니다. 아들의 아내, 즉 며느리는 이제 믿을 수가 없어요. 또한 며느리도 부모가 있기 때문에 남편의 부모보다 자신의 부모를 우선시하는 게 당연하죠. 최근에는 남편 부모는 남편이, 아내 부모는 아내가, 각자 간병을 하게 되었습니다. 그래서 아들이 간병하는 경우도 늘어났죠. 이제 아들도 부모 간병을 모르는 척할 수 없게 되었습니다. 그러니 남자아이도 가사, 육아, 간병은 배워 두는 게 좋습니다. 그런데 남편이 자신의 부모를 간병할 때는 아내가 후방 지원을 해주지만, 아내가 자신의 부모를 간병할 때는 남편이 전혀 협조를 해주지 않는 경향이 있는 것 같습니다.

그런 와중에 2000년 일본에서는 매우 큰 변화가 일어났습니다. 1997년에 성립된 간병보험이 2000년부터 시행된 것입니다.* 여러분의 엄마와 아빠는 아직 건강하겠지만, 혹시 할머니 할아버지 중에 '간병필요인정'**을 받은 사람은 없나요? 간병보험은 40세 이상의 전 국민이 보험료를 지불하고, 원칙적으로는 필요할 경우 65세부터 사용할 수 있습니다. '간병필요'를 인정받으면 시설에 들어갈 자격이 주어집니다. 이제 간병 때문에 가족이 일을 그만두거나 희생할 필요가 없어진 거예요.** 물론 가족에게는 가족만이 할 수 있는 역할이 있습니다. 직접 노인의 기저귀를 갈지는 않더라도, 언제 어디에서 어

- 개호보험이라고도 하는 이 보험과 비슷한 성격의 보험이 우리나라에는 2008년 노인장기요양보험이라는 이름으로 도입되었다. 이 보험은 고령이나 노인성 질병으로 인해 6개월 이상 혼자서 일상생활을 꾸릴 수 없는 노인에게 가사지원 등을 제공하는 사회보험 제도다.

- 우리 보험에서는 요양보험 등급이라고 한다.

떤 서비스를 받을지를 결정하는 사령탑이 되는 것입니다. 그러기 위해서는 케어매니저나 지역의 지원센터 등에 상담하면 됩니다.

아직 간병은 나중 일이라고 생각하나요? 그렇다면 가까이에 있는 지원센터나 간병사업소에 가서 공부해 보세요. 주변에 노인이 없다면 간병시설에서 자원봉사를 해보는 것도 좋습니다. 언젠가는 우리 엄마 아빠도 이렇게 된다, 그리고 나도 이렇게 나이를 먹을 것이라는 사실을 알게 될 거예요.

엄마에게는 이렇게 말해 줍시다. "괜찮아요. 간병보험을 이용해서 적당히 돌봐드릴 테니까." 그리고 미리 집안의 문턱을 없애거나 부엌을 IH(전자유도가열) 방식으로 만들어서 노후를 준비해 두시라고 말씀드려요.

부모님이 돌아가시고 난 후에 나만 희생했다며 죽은 부모를 원망하며 사는 것만큼 슬픈 일은 없습니다. 자녀에게는

•• 사실 이는 그리 간단히 해결된 것처럼 보이지 않는다. 2021년 우리나라에서 한 청년이 아버지를 간병하다가 의도적으로 방치하여 죽음에 이르게 한 사건이 있었다. 이를 '간병살인'이라고 명명하여 크게 사회적 이슈가 되었다. 이 부자는 긴급복지지원을 받을 수 있었으나 정보가 없어 활용하지 못했고, 위기가구를 미리 발굴해 지원하는 제도의 도움도 받지 못했다. 즉 보험 제도에 나 있는 구멍을 온전히 메우기에는 아직 한계가 있다는 뜻이다.

의사결정의 사령탑이 되는 것 말고도 부모님을 만나러 가거나, 함께 추억 이야기를 나누는 등 가족만이 할 수 있는 교류가 있습니다. 그런 것들을 위해서라도 부모님과 좋은 관계를 만들어 두세요.

3장 ──── 인싸로
사는 건
정말 어려워

나를 구속하는 남자친구

남자친구가 생겼는데요.
남자친구는 자신을 만나지 않을 때
제가 무엇을 하는지
속속들이 알고 싶어 합니다.
끈질기게 휴대폰으로 연락을 하고
답을 하지 않으면 화를 내더니
이제 자기 이외에 **다른 남자랑은**
말도 하지 말래요.
헤어지는 게 나을까요?

아아, '헤어지는 게 나을까요?'라니, 이미 해답을 스스로 내놓고 있잖아요! 네, 정답입니다.

이 남자는 여자친구를 자신의 소유물이라고 생각하는 것 같네요. 어디에 있든 무엇을 하든 자신을 최우선으로 생각하라고 말이죠. 참으로 거만하고 자기중심적인 남자네요.

혹시 이런 태도를 보고 '와, 나를 이렇게까지 걱정해 주는구나, 나를 이렇게까지 좋아하는구나' 하고 착각하는 건 아니겠죠? 남자친구의 태도는 집착과 지배욕이라고 할 수 있습니다. "나 이외의 남자와는 말도 하지 마"라니, 말도 안 되는 소리잖아요. 인류의 절반은 남자인데, 남자친구 이외의 남자를 모두 배제하면 얼마나 빈약한 인생인가요. 설마 이런 남자의 '독점욕'을 '꺄! 그렇게까지 내 생각을 하다니 기뻐~' 이렇게 생각하는 건 아니겠죠? 이런 남성은 여자가 자기 생각대로 움직이지 않으면 엄청나게 화를 내면서 스토커가 되거나 폭력을 휘두릅니다. 스토커는 여성이 다른 남자에게 가는 꼴을 보느니 영원히 '자신의 것'으로 만들겠다며 상대를 죽이기도 합니다. 정말 무섭죠.

그러니까 금방 눈치를 챘다면 재빨리 헤어지는 게 상처도 작게 남고 무사히 끝내는 길입니다. 질문자의 판단은 아주 현명합니다.

그래도 '못 헤어지겠다'는 여성도 있겠죠. 어떤 사람일까요? 예를 들어 처음 사귀어 본 남자친구라서 원래 남자친구는 이런 거라고, 사랑받는다는 건 이런 거라고 생각할 정도로 경험이 별로 없는 사람이라면? 어렵게 생긴 남자친구라서 절대로 헤어지고 싶지 않다고 매달린다면? 스스로에게 자신감이 없고, 이런 나를 선택해 준 사람이니까 내가 참아야 한다고 생각한다면? 드디어 남자친구가 생겼다고 친구에게 말했으니 놓치고 싶지 않다면? 그런데 이 모든 것들은 여러분의 내면에서 나온 게 아니라 외부적인 이유일 뿐입니다.

기억하세요. 사랑받는다는 건 소중히 여겨지는 거예요. 소중히 여긴다는 건 여러분의 의사를 존중한다는 거고요. 소중히 여겨진다는 것은 기분 좋은 일입니다. 자신의 마음과 몸에 물어보고 기분 좋은 관계가 아니라면 한시라도 빨리 정리합시다.

남자친구가 꼭 있어야 해?

리얼충*이 되고 싶다며
남자친구를 만드는
친구가 있습니다. **남자친구가 있어야
현실 생활에 충실한 걸까요?**

---

* 일이나 연애 등 현실 생활에 충실한 사람. 한국의 '인싸' 정도에 해당한다. ─옮긴이

'리얼충'이란 '리얼리티 충실'을 줄인 말이라죠. 리얼 (현실)의 반대말은 가상이에요. 이 말은 2차원 인 터넷 게임에 빠져 있는 오타쿠가 자신과는 다른(현실을 즐기 고 있는 것처럼 보이는) 사람들을 시기하며 붙인 말입니다. 그 리고 이 '리얼충'의 조건 중 하나가 바로 이성친구가 있는 것입 니다. 서로를 바라보며 대화를 하고, 손을 잡고, 팔짱을 끼고, 스킨십을 하는 것은 인터넷에서는 불가능한 일이니까요. 현 실 생활에 충실해 보이기도 하겠죠.

하지만 리얼충은 동아리 활동과 자원봉사, 친구 모임, 스 포츠 활동 등 다른 일도 많이 합니다. 꼭 이성친구가 있어야 만 리얼충은 아닙니다. 동아리 활동으로 바빠서 연애할 시간 이 없는 사람도 있어요.

그래도 남자친구가 있으면 쉽게 리얼충으로 보인다고요? "남자친구가 있어서 좋겠다. 넌 리얼충이구나"라는 말을 듣기 위해 남자친구를 만든다고요? 주객전도 아닌가요. 남자친구 가 있어서 매일이 충실하다면 결과적으로 '리얼충'이라 할 수 있겠죠. 그런데 주변에 나를 '리얼충'으로 보이기 위해 남자친 구를 만들다뇨.

'남자친구가 있다' 다음은 '결혼했다'가 되겠죠. 남자에게 선택받았음을 증명하기 위해서 '결혼 상태'를 유지하는 여성은 많습니다. 남편이 가정폭력을 휘두르거나 바람을 피우는 등 실상은 구멍이 숭숭 난 상태라 해도 '리얼충'으로 보이고 싶은 걸까요.

연애 이외에도 즐거운 일은 얼마든지 있습니다. 사람은 연애로만 살아가는 게 아닙니다. 연애는 그저 즐거운 일 중의 하나입니다. 즐겁지 않은 연애는 인생의 낭비니까 그만두는 게 좋습니다. 타인의 얼굴색을 살피며 사는 것은 멈추고 나 자신을 위해 삽시다.

결혼은 사랑보다 조건?

엄마에게 아빠랑 결혼한 이유를 물었더니
학력, 연봉, 키 같은
조건이 좋아서였다고 합니다.
사랑해서가 아니라는 게 충격이에요.
원래 다 이런 건가요?

음, 앞 질문의 '그 후' 같네요. 엄마에게 결혼은 경제적인 계약이었던 걸까요. 그렇다면 가능한 한 유리한 조건을 가진 상대를 선택하는 게 합리적이겠죠. 엄마 시대에 결혼은 '영구 취직'이라 불렸으니까, 평생 생계 걱정을 하지 않아도 되는 회사에 취직한 거나 마찬가지였어요.

그렇다면 아빠에게 결혼은 무엇이었을까요? 전속 섹스 계약? 가사 담당자 또는 아이의 양육자 확보?

두 사람이 서로에게 원하는 것이 일치할 때 '계약'은 성립됩니다. 하지만 감정은 계약의 범위 밖에 있어요.

엄마와 아빠는 스킨십을 하나요? 둘이서 여행을 가거나 자녀 없이 두 사람만의 시간을 갖기도 하나요? 한마디로 서로를 사랑하고 있나요? 처음에는 경제적인 계약으로 시작되었어도 살면서 사랑하게 되거나 정이 드는 경우는 얼마든지 있습니다. 하지만 어쩌면 엄마와 아빠는 서로에게 애정을 기대하지 않을지도 몰라요. 더 나쁜 경우, 애정을 충족시킬 상대를 밖에서 찾고 있을지도 모릅니다. 그러면서 결혼은 원래 '이런 것'이라고 생각할지도 몰라요.

엄마와 아빠가 결혼 따위 원래 '이런 것'이라고 생각한다면, 질문자도 미래의 자신의 결혼을 그저 그렇게 생각할지도 모르겠네요.

하지만 질문자는 엄마의 대답에 '충격'을 받았어요. 서로 사랑하는 부부 사이에서 태어났다고 생각했던 거죠. 자신이 엄마와 아빠의 '사랑의 결정체'라고 생각하고 싶고, 자신도 그런 상대를 만나 서로 사랑하면서 아이를 낳고 싶겠죠. 그게 솔직한 심정이라고 생각해요.

서로 사랑하는 부부 사이에서 자란 아이는 행복합니다. 어른의 안정된 관계라는 것을 신뢰할 수 있고, 자신이 부모의 행복 아래에 있다고 믿을 수 있기 때문입니다. 그런 생각을 할 수 없는 아이들이 얼마나 많은지요! 엄마와 아빠의 관계가 '안정적'으로 보였다는 건, 어쩌면 서로 기대 수준이 낮기 때문인지도 모릅니다. 여러분은 내심 그런 건 싫다고 생각하겠죠? 인생은 기대를 하는 사람에게는 기대한 것 또는 그 이상을 주지만, 기대하지 않는 사람에게는 아무것도 주지 않습니다.

억측일지도 모르겠지만, 어쩌면 엄마는 아빠를 선택한 이유를 분명하게 말할 수 없어서, 그냥 부끄러워서 조건이라고 말해 버린 걸지도 몰라요. 다음에 다시 한 번 제대로 물어보세요. "실은 내가 좋아해서 쫓아다녔어"라는 대답이 돌아올

지도 몰라요. 그때는 솔직하게 "저번에 엄마가 한 말을 듣고 난 충격 받았어. 엄마는 아빠를 좋아한 게 아니야? 아빠는 엄마를 어떻게 생각했어? 나중에 나도 조건으로 남자를 골랐으면 좋겠어?"라고 물어보세요.

부부라면 좀 더 마음껏 애정을 표현하면 좋겠습니다. "아빠가 엄청 다정한 사람이라서 금세 좋아졌어. 내 눈이 틀리지 않았지." "엄마는 마음씨가 고운 사람이라 이 사람과 꼭 가정을 꾸려야겠다고 생각했어." 이렇게 말이에요.

여자라고 항상 꾸며야 해?

남자친구가 저보고 '여자력'이 낮대요.
데이트 하는 날 티셔츠에
청바지 차림으로 나온다고요.
다른 여자들은 엄청 꾸미고 나온다나요?
그런데 남자친구도 늘 저랑 비슷한
차림이거든요. **왜 여자만 꾸며야 하죠?**
제 친구는 로리타* 패션으로 나갔다가
남자친구에게 차였대요.
**자기가 좋아하는 스타일을 고수하면
안 되는 걸까요?**

● 프릴, 레이스 등으로 과도하게 꾸민 서양 동화 속 '공주님' 같은 스타일—옮긴이

또 또 자기중심적인 남자친구로군요. '내가 좋아하는 스타일'로 입고 나오라니요?

티셔츠랑 청바지는 일상복입니다. '꾸미는' 건 보통 특별한 날에 하죠. 데이트는 특별한 날이니까 꾸미고 오라는 그 마음은 물론 이해가 갑니다. 하지만 그렇다면 남자친구도 조금은 단정한 차림새로 나왔으면 좋겠네요. 자기는 평소랑 똑같으면서 여자에게만 꾸미고 나오라니 말이 안 되잖아요.

그렇게 '격식을 차린' 얼굴만 보여 주는 게 데이트인가요? 생각만 해도 피곤해집니다. 겉모습을 잔뜩 꾸민다는 건 자기 자신에게 거짓말을 하는 것이기도 해요. 함께 있으면 즐겁고, 그래서 계속 함께하고 싶다면 자신의 진짜 모습을 보여 주는 게 가장 좋습니다. 함께 있을 때 무리하지 않아도 되고, 원래 모습 그대로를 보여 줄 수 있는 상대를 찾아야 합니다.

자신이 좋아하는 로리타 스타일로 나간 친구는 차였다고요? 잘된 거 아니에요? 패션이 리트머스 시험지가 되어 줬으니까요. '이게 나야, 있는 그대로의 나를 받아 줘'라는 시험에 상대가 합격하지 못한 거니까요.

그런데 남자친구가 말하는 '꾸민' 모습이라는 건 어떤 건가요? 대충 상상이 되긴 해요. 풍성한 컬의 긴 머리, 자연스런 화장, 청순한 블라우스에 하늘하늘한 스커트나 원피스. 적어도 바지 차림은 아니겠죠. 왜냐하면 긴 머리와 스커트는 필살기 룩이자 최강의 '여장'이니까요. 즉 나는 너에게 순종적이고, 절대 너를 넘어서지 않으며, 네가 좋아하는 다루기 쉬운 여자라고 어필하는 거나 마찬가지예요. 그런 겉모습에 쉽게 넘어가는 남자가 매력적인가요?

'여자력'이 높다는 건 남자한테 인기를 끌 만한 요소가 많다는 말입니다. 그런데 왜 '남자력'이란 말은 없을까요? 좋아하는 상대의 마음에 들고 싶어 하는 것은 자연스런 일입니다. 그렇다면 여자나 남자나 모두 똑같이 노력해야겠죠. 그렇다고 자신을 속이면서까지 상대의 마음에 들기 위해 노력하는 것은 괴로울 뿐만 아니라 오래가지 못합니다. 있는 그대로의 자신을 받아 주고 서로 존중할 수 있는 관계가 가장 좋습니다.

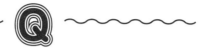

싫다고 했는데 좋다고 읽는 남자

제가 싫다고 했는데
남자친구가 억지로 키스를 했어요.
상대의 동의를 얻지 않은 행동은
폭력이라고 생각하는데,
어떻게 해야 이걸 이해시킬 수 있을까요?

일본어에는 '입으로는 싫다고 하지만 속으로는 좋아한다'는 말이 있습니다. 여자는 성적으로 무지하고 얌전해서 좋다는 표현을 잘 못한다. 그러니까 겉으로는 싫다 해도 속내는 다르다. 그것을 잘 헤아려 여자를 넘어뜨려서라도 내 마음을 전하면 결국 부끄러워하면서 남자의 뜻에 따른다는 뜻이죠. 어휴, 도대체 언젯적 이야기인 걸까요. 요즘처럼 성에 관한 정보가 흘러넘치는 세상에 '성적으로 무지하고 얌전한' 여자라니요. '성적으로 무지하고 얌전한' 척을 하고 있는 여자라면 있을지도 모르겠네요. 그래야 남자들이 더 좋아할 거라고 생각하는 여자들 말이죠.

왜 남자들이 그런 여자를 더 좋아할까요. 무지한 여자는 컨트롤하기 쉽기 때문입니다. 제가 아는 사람 중에는 남자에게 쭉 학대와 같은 섹스를 당한 여성이 있습니다. 그 남자가 첫 남자친구였기 때문에 섹스란 원래 그런 것인 줄만 알고, 고통스럽긴 했지만 별다른 의문을 갖지 않았다고 해요. 친아버지에게 성적 학대를 받던 딸 중에도 원래 아버지와 딸은 다 이러는 줄 알고 이상하게 생각하지 않았다는 여성도 있습니다. 무지란 이렇게 무서운 것입니다. 무언가 싫은 일을 당해도 "엄마에겐 말하지 마" "우리 둘만의 비밀이니까 다른 사람에게 말하면 안 돼"라는 둥 무지를 이용한 교묘한 말을 하죠. 여기에 넘어가 '이상하다'는 생각이 들었을 때는 이미 사실을 밝힐 수 없게 되는 경우도 있습니다. 사실 성폭력(강간)은 모르는 사람보다 가까운 사람에 의해 일어나는 비율이 매년 증가하고 있습니다.•

키스는 신체 접촉의 관문입니다. 연애는 접근의 기술이에요. 서서히 거리를 좁혀 가다 손가락 끝이 닿고, 그러다 손을 잡게 되고, 안게 되고, 매우 민감한 점막인 입술이 닿게 됩니다. 그리고 그다음은…… 이렇게 모든 일에는 순서라는 게 있습니다. 내 몸에 침입하는 타인은 리스크입니다. 그래서 타인은 아주 조금씩 접근하면서 '여기까지는 괜찮아?'라고 일일이 상대의 동의를 받아야 합니다. 마치 남의 집에 들어갈 때 문 빗장을 하나씩 여는 것처럼 말이에요. 자신의 몸을 타인

• 우리나라 여성가족부가 2019년 발표한 보고서는 생활 양상 변화를 고려한 다양한 형태의 성폭력 유형에 대해 묻는다. 그중 강간 피해 경험을 묻는 항목이 있다. 여기에서 피해 경험이 있는 응답자의 80.9퍼센트가 친인척 이외의 아는 사람에게 피해를 당했다고 응답했다. 전혀 모르는 사람은 17.7퍼센트, 가족을 포함한 친인척에게 피해를 당했다고 답한 비율은 12.7퍼센트였다. 강간 미수 역시 가족 이외의 아는 사람에게 피해를 당했다고 대답한 비율이 68.7퍼센트 였다. 출처: 「2019년 성폭력 안전실태조사 연구」

에게 맡기는 것이니 반드시 안심할 수 있어야 합니다. 그러지 않고 무리하게 강요하면 공포감을 느끼고 기피하는 게 당연합니다. 질문자의 남자친구는 그 순서를 건너뛰어 버렸네요. 덧붙이자면 돈으로 타인의 몸을 강제로 열고 침입하는 것이 바로 성매매라는 것입니다.

질문자의 남자친구는 어쩌면 낡은 여성관을 갖고 있을지도 모릅니다. 사실은 여자친구도 하고 싶으면서 부끄러워 차마 말을 못 하는 거라고, 그러니까 내가 나서서 강제로라도 해야 한다고 말이죠. 이런 남성에게는 제대로 알려줘야 합니다.

'참 쓸데없는 참견이구나. 내게도 생각이라는 게 확실히 있어. 예스는 예스고 노는 노야. 네가 걱정해 주지 않아도 스스로 결정할 수 있어'라고요. '네가 갑자기 그러면 공포심만 생기니까 오히려 역효과야. 네가 키스를 하고 싶을 때, 섹스를 하고 싶을 때, 내가 준비되었는지는 그때가 되어 봐야 알 수 있는 거니까, 꼭 내게 먼저 물어봐 줄래? "키스해도 돼?"라고 말이야. 그러면 피식 웃으며 "좋아"라고 말할 테니까.' 이런 식으로 두 사람이 대화를 나눈다면 모두가 행복해지지 않을까요?

하지만 잊지 마세요. 키스해도 된다고 말했다고 해서, 옷을 벗어도 된다고, 섹스를 해도 된다고 한 건 아니에요. 섹스해도 된다고 말했다고 해서, 피임하지 않아도 된다고 한 건 아니에요. 하나하나 내 의사를 확인해 달라고 말하세요.

최근에는 '예스는 예스를 뜻한다Yes means Yes'라는 말과 함께 드디어 '합의 없는 섹스'는 성폭력으로 간주되는 추세입니다. 부부 사이라도 마찬가지예요. 부부라고 상대의 몸을 억지로 침범해도 되는 건 아니에요. 부부여도 '합의하지 않으면 강간'이라는 사고방식이 드디어 널리 퍼지게 되었습니다.

남자 중에는 여자가 의사 표현을 확실히 하면 힘이 빠지는 바보가 있는 것 같습니다. 자기 생각이 확실한 여성이 싫다는 남성은 먼저 사절하는 게 좋아요.

임신이라는 무거운 짐

성性적인 관계에서는
남녀가 대등하지 않다는 생각이 듭니다.
어떻게 하면 대등한 관계가 될 수 있을까요?
제 남자친구는 피임을 하지 않아요.
임신이나 성병을 생각하면
너무 걱정이 됩니다.

섹스는 두 사람이 하는 것입니다. 두 사람 모두 즐겨야 하는데, 한 사람만 만족하고 다른 한 사람은 고통을 받는 경우가 종종 있습니다. 애초에 남자가 그렇게 '하고 싶어 하는' 이유는 섹스가 쾌락이기 때문이에요. 하지만 여성 중에는 섹스가 쾌락이 아니라 오히려 고통이고, 그런 고통을 참으면서까지 '하게 해주는' 사람도 있는 것 같습니다. 그런 관계는 '대등'하다고 할 수 없겠죠.

섹스를 할 때 남녀가 '대등'해지지 못하는 결정적인 요소는 섹스의 결과로 임신할 가능성이 있는 것은 여성이라는 엄연한 사실입니다. 이것만은 아무리 신을 원망해도 어쩔 도리가 없어요. 반대로 아무리 섹스를 한들 아이를 낳는 일은 여성만 가능하기 때문에 남성은 분해서 눈물이 날지도 모릅니다. 즉 섹스란 아이를 만드는 행위라는 것을 여성도 남성도 절대 잊지 말아야 합니다.

하지만 섹스는 '아이를 만들기' 전에도, 그 외에 다른 경우에도, 그 후에도 할 수 있습니다. 그래서 필요한 것이 바로 피임입니다. 섹스는 잠깐이지만 임신은 장기적이고, 그 후의 출산과 육아는 더 오랜 시간 동안 책임과 부담이 무거운 행위입니다. 그것을 받아들일 용의가 없다면, 여성과 남성 모두 책임감을 갖고 피임을 해야 합니다. 따라서 피임 없는 섹스는 '무책임한 섹스'라고 할 수 있습니다. 남성학 연구자 중에는 '피임 없는 섹스'를 성폭력에 포함시키자, '피임 없는 섹스'의 결과 '원치 않는 임신'이 발생하기 때문에 그 임신의 원인을 제공한 남성을 '강제임신죄'라는 명목의 범죄자로 벌해야 한다고 주장하는 사람도 있습니다. 그만큼 임신과 출산, 경우에 따라서 중절은 여성의 몸과 마음에 깊은 영향을 끼칩니다.

'피임 없는 섹스'는 무책임한 섹스라고 했죠. 즉 질문자의 남자친구는 무책임하게 행동하고 있는 거예요. 이 무책임한 남자는 만일 여자친구가 임신을 한다면 "나는 모르는 일"이라면서 무책임하게 도망가겠죠. 어쩌면 "내 아이인지 아닌지 모르는 거잖아"라고 할지도 모릅니다. 이렇게 무책임하다는 것은 여자친구를 소중히 생각하지 않는다는 뜻입니다. 소중히 생각하지 않는다는 것은 사랑하지 않는다는 뜻입니다. 사랑하지 않으면서 왜 섹스를 하냐고요? 여자친구는 이용당하고 있는 거예요. 인정하기 싫겠지만 '사랑받지 못하고 있다'는 사실을 인정합시다.

그래도 상관없다, 남자친구가 하고 싶어 하니까 하게 해주는 게 사랑이라고요? 그렇게 자신을 홀대하지 마세요. 여러분이 자기 자신을 홀대하면 남자친구는 그 점을 이용해서 더욱 더 여러분을 업신여기니까요.

그리고 피임과 성병 예방을 혼동하면 안 됩니다. 최근 도쿄에는 매독 환자 수가 증가하고 있습니다. 그중에서도 20대 여성의 사례가 급증하고 있어요(도쿄도 감염증 정보센터 '매독 유행 상황(2006~2019)'). 성병 중에서도 특히 심각한 병인 에이즈 예방을 위해서는 콘돔이 사용되고 있습니다. 여러분은 피임을 위해 콘돔을 사용하고 있나요? 콘돔은 성병 예방에는 효과가 있지만, 피임에 효과가 완벽하지는 않다는 점을 기억해야 합니다. 콘돔의 피임 실패율은 30퍼센트 정도*로, '콘돔을 사용했는데도 임신했다'는 사례는 매우 흔합니다. 하물며 "나만 믿어"라는 남자의 질외 사정은 최악입니다. 질외 사정과 콘돔 모두 피임법에는 포함되지 않는다고 말하는 전문가조차 있을 정도입니다. 이런 방법들은 실패해도 괜찮다(만약 아이가 생기면 낳아서 같이 키워 보자)는 각오가 없는 커플에게는 권하지 않습니다. 기초체온 측정법도 믿을 게 못 됩니다.

● 　우리나라 질병관리청 국가건강정보포털의 피임 정보에 따르면 콘돔을 정확하고 일관된 방법으로 사용하고도 피임에 실패하는 비율은 2퍼센트이고, 부정확하게 사용하는 경우 피임 실패율은 15퍼센트다.

피임 링*도 실패할 가능성이 있습니다. 저용량 피임약이 가장 확실하긴 하지만 여성에게만 부담을 줍니다.

무엇보다 섹스는 아이를 만드는 행위라는 것을 머릿속에 새겨 두세요. 섹스는 즐거운 행위임에도 불구하고 예상치 못한 임신이 두려워 집중할 수 없다고 털어놓는 여자는 기혼여성 중에도 꽤 많습니다. 남편들이 피임에 비협조적이기 때문입니다.

제 수업을 듣는 학생이 에이즈 예방 캠페인을 위해 10대를 대상으로 '콘돔을 사용하고 있습니까?'라는 조사를 했습니다. 그랬더니 수도권과 동북 지방 도시가 큰 차이를 보였습니다. 동북 지방에서는 콘돔 사용률이 현저히 낮았던 거예요. 왜 그럴까요? 동북 지방 10대들이 무지해서? 요즘 세상에 그럴 리는 없습니다. 성에 대한 정보는 이미 충분해요. 그런데도 동북의 10대들이 콘돔을 사용하지 않는 것은 '여자가 남자에게 콘돔을 사용해 달라고 말하지 못하기 때문'이라고 합니다. 알고는 있지만 사용할 수 없다. 여자는 성적으로 무지한 것처럼 보이는 게 여자답고, 남자는 그 점을 이용해

● 피임을 위해 자궁 안에 넣는 특수기구—옮긴이

무책임한 섹스를 하는 남존여비의 풍습이 여기에도 숨어 있습니다.

수도권에 사는 여자는 "세상에, 콘돔은 상식이잖아"라고 말합니다. 하지만 수도권 여자 중에도 남자 눈치를 보며 그런 말을 하지 못하는 사람도 있습니다. 섹스는 맨몸으로 하는 교제라고 할 수 있습니다. 맨몸이 되기 전에 이미 생겨 버린 남녀 사이의 권력 관계가 침대 안으로까지 들어오면, 여자는 남자에게 피임을 요구조차 할 수 없게 됩니다. 그 결과 무거운 짐을 전부 혼자 떠맡게 됩니다. 이건 정말 이상하지 않나요?

이성애자가 아니면 정상이 아닌가?

저는 동성이 좋습니다.
그런데 학교 수업이나 교과서에는
이성애나 이성 간의
결혼 이야기만 등장합니다.
저는 정상이 아닌 것 같아 괴롭습니다.

좋아하게 된 사람이 동성이다. 이런 경우는 흔히 있는 일입니다.

인간의 '좋아한다'는 감정은 억누르는 것이 불가능합니다.

그런데도 여자들 사이에서는 "남자친구 있어?"라는 질문을 너무나 당연하게 합니다. 즉 '좋아하는' 대상은 '남자친구' 즉 남성이라는 확신이 뿌리 깊이 박혀 있습니다. 이는 학생회장은 남자, 부회장은 여자라는 확신보다 훨씬 더 뿌리가 깊습니다. 그래서 남자가 좋아하는 상대가 여자가 아니거나, 여자가 좋아하는 상대가 남자가 아니면 '기분 나쁘다'는 반응을 일으킬 정도입니다. 그런 반응을 대강 짐작할 수 있기 때문에, 질문자는 자신이 '정상이 아니'라고 고민하고 있습니다. 친구의 '남자친구' 이야기에도 공감하지 못하고, 자신은 여성을 좋아한다고 털어놓지도 못하니 많이 괴롭겠죠.

같은 성별은 좋아하면 안 된다고 '금지'하는 것을 '이성애 규범'이라고 합니다. 규범이라는 것은 그러기로 '정한' 것입니다. 자연스러운 게 아니에요. 자연스런 인간의 감정이나 육체 활동을 사회가 통제하는 것이 규범입니다. 그래서 학교 수업과 교과서에는 연애와 결혼 상대가 '이성'이라고 쓰여 있는 거예요. 수업이나 교과서는 사회의 규범을 가르치기 때문입니다. TV와 영화, 만화에서도 여자는 남자를 사랑하고 남자는 여자에게 반응한다는 판에 박힌 패턴을 반복합니다. 이러한 이성애 규범의 메시지를 일상적으로 보고 들으면 '원래 그런 거구나' 하고 머릿속에 각인이 됩니다. 그러니 매스미디어의 책임도 큽니다.

하지만 질문자는 '이성애'라는 말을 알고 있군요. 생각해 보면 인류의 절반을 좋아하면 안 된다는 것이 '이성애' 규칙입니다. 부자연스런 일이죠. 동성을 좋아하는 것을 '동성애', 좋아하는 상대에 남녀구별이 없는 것을 '양성애'라고 합니다. 당연한 것에는 따로 이름을 붙이지 않습니다. 삐져나오는 것에 처음 하는 일이 이름 붙이기니까요. '동성애'란 말이 생기니까 '이성애'라는 말도 생겼습니다. "남자친구 있어?"라고 묻는 친구에게 "아, 너는 이성애자구나"라고 대답할 수도 있게 되었습니다. 동성애자는 그동안 "왜?"라는 질문을 당해 왔습니다. 이제는 이성애자에게 "왜(남자가 좋아)?"라고 물어보세요. 분명 아무도 대답하지 못할 거예요. "원래 그런 거니까" "그게 당연하니까"라는 답변만 돌아온다면 그건 근거가 없다는 뜻이나 다름없어요.

마찬가지로 "그럼 너는 왜 여자가 좋아?"라는 질문에도 답을 할 수 없겠죠. 동성애자든 이성애자든 '그 사람'이 좋은 거지 모든 남자, 모든 여자를 좋아하는 것은 아니잖아요. '좋아한다'는 감정은 설명하기는 어렵지만, 몸과 마음을 사로잡는 강렬한 감정입니다. 그 감정에 솔직해졌더니 저절로 그렇게 되었다는 사실을 부정할 필요는 전혀 없습니다. 속일 필요도 없습니다. 왜냐하면 '좋아한다'는 감정은 인생을 풍요롭게 만들어 주니까요.

LGBTQ라는 말을 알고 있나요? 이 말은 레즈비언(Lesbian), 게이(Gay), 바이섹슈얼(Bisexual), 트랜스젠더(Transgender), 퀘스처닝(Questioning: 성 정체성에 관해 갈등하는 사람)을 줄인 말입니다. 세상에는 '이성애 규범'에 해당하지 않는 사람들이 이렇게 많다는 것이 알려지게 되었습니다. '우리는 여기에 있다!'라고 자기 존재를 밝히는 사람들이 있고, 소수라고 생각하던 사람들이 '보이기' 시작했기 때문입니다. 대학생이 되면 그런 사람들이 만든 동아리나 커뮤니티도 볼 수 있습니다.

해마다 4월이나 5월에는 LGBTQ와 그를 응원하는 사람들('앨라이'라고 합니다)이 도쿄 레인보우 프라이드라는 성대한 퍼레이드를 합니다.* 이제 일부러 숨기지 않아도 되는 세상이 되었습니다. 인터넷에서 찾아보면 각 지역에 그런 활동이 있으니 한번 가보세요. 나는 혼자가 아니고, 이상한 게 아니라는 것을 알게 될 거예요. 최근에는 호적의 성별을 변경하는 성별 변경 특례법이 생겼고, 일부 선진적인 지자체 중에는 동성커플을 결혼에 준하는 관계로 대우하는 '동성 파트너십' 조례를 채용하기 시작한 곳도 있습니다.** 이렇게 시대는 움직이고 있습니다.

- 우리나라에서는 2000년부터 매해 여름마다 퀴어퍼레이드가 열린다. "우리는 퀴어퍼레이드에서 신나게 춤추고 노래하며 성소수자 또한 이 사회의 구성원이며 평등한 권리를 지녀야 한다는 점을 알립니다." 퍼레이드를 주관하는 서울퀴어퍼레이드 홈페이지 소개말의 한 구절이다.

- 도쿄에서는 2022년 내로 성소수자 커플을 인정하는 '동성 파트너십 제도'를 도입하기로 결정했다. 성소수자의 결혼을 인정하는 것은 아니지만 다른 형태로 공적인 지위를 인정하기로 한 것이다. 이러한 제도가 필요한 이유는 동성 커플을 비롯한 다양한 형태의 가족이 의료나 주거 등 사회 서비스에서 배제되기 때문이다. 동성이라는 이유로 법적 반려자 지위를 인정받지 못하여 유산 상속에서 제외되거나, 중대한 수술을 앞두고 보호자가 되지 못한다거나, 신혼부부가 받는 주택 관련 서비스를 받지 못하는 등 여러 가지 사례가 수면 위로 드러났다. 우리나라에서는 생활동반자법 입법을 논의 중이다.

이건 역차별?

지하철로 출퇴근을 하고 있는데요.
'여성 전용칸'은 남성에 대한
역차별 아닌가요?

요즘 이런 말을 자주 듣네요. 남성에 대한 역차별이란 말이요. 질문자가 스스로 생각해 낸 말은 아니죠? 누가 그런 말을 했나요? 아마도 남자겠죠? 남자는 만원 지하철에서 괴로워하고 있는데, 여자만 여성 전용칸을 타고 편하게 간다고요? 그런데 사실 그렇지는 않아요. 저도 타본 적이 있는데 수도권 출퇴근 시간에는 여성 전용칸도 만원이거든요.

애초에 왜 '여성 전용칸'이 생겼는지 생각해 보세요. 원인을 만든 것은 남자예요. 남자가 혼잡한 지하철 안에서 성추행을 하니까 여성 전용칸이 필요해진 것입니다. 역차별이라고 주장하고 싶다면 '우리는 절대 성추행 따위 하지 않는다'라고 남성 전원이 보증해 주었으면 좋겠네요. '다른 남자는 모르겠지만 나는 절대로 하지 않는다'는 입장인가요? 그렇다면 '역차별' 같은 피해를 받고 있는 것은 '나'와 동성인 다른 괘씸한 남성들 탓이니, 분노는 여성이 아니라 치한에게 터뜨리고요. "너희들 같은 괘씸한 남자 때문에 우리가 불편을 겪는다"라고 말이죠.

그리고 만원 지하철 안에서 치한을 발견하거나 여성이 소리 친다면, 절대로 그냥 지나치지 말고 "그만둬"라고 저지하세요. 남자의 적은 남자예요. 치한을 방치하니까 남성 전체의 평판이 떨어지는 겁니다.

치한을 만난 게 내 잘못이라니

통학 길에 자주 치한을 만납니다.
엄마와 선생님에게 상담하니
"네가 틈을 보인 거 아니니?"라고 합니다.
정말 **제가 문제인 걸까요?**

하아~ 아직도 그런 말을 한다고요? 틈을 안 보이면 치한을 안 만난다고요?

그동안은 여성들이 치한을 만나도 그 사실을 말하기가 어려웠고, 치한 남성은 물론 자신이 한 짓을 말하지 않았기 때문에, 치한이 어떤 것인지 잘 알려지지 않았습니다. 하지만 최근에는 '치한 연구'가 축적되면서 여러 가지가 밝혀졌어요.

연구에 따르면 틈을 보였든 아니든 여성이라면 누구나 치한을 만날 가능성이 있습니다.● 수도권에서 지하철로 통학하는 여학생 중에 치한을 겪어 보지 않은 학생은 거의 없다고 할 수 있을 정도에요.

치한은 상습범이 많다는 사실도 밝혀졌습니다. 2015년『범죄백서』에 따르면 재범률이 무려 44.7퍼센트! 하지 않고는 못 배기는 중독 같은 건가 봐요. 거기다 치한은 그런 행위를 가볍게 생각하고 여성을 도구처럼 생각한다고 합니다.

● 미국 캔자스 대학교에서는 2017년에 미국 중부지역 대학교에서 벌어진 성폭행 사건 피해자 18명이 사건 당시 입고 있던 옷을 모아 전시했다. 언론에 공개된 전시품을 보면 노출이 심하거나 몸매를 드러내기 위한 옷차림은 없고 티셔츠에 바지 차림 등 평범했다. 성폭행 피해자의 의상은 피해 사실과 아무 상관이 없음을 알리고자 기획한 전시였다.

치한 피해자가 되지 않기 위해서 노력한다? 이것은 무리입니다. 출퇴근 시간에 만원 지하철을 타보세요. 가슴이나 엉덩이가 타인의 몸에 딱 붙어 있는 상태에서 치한의 손이나 성기가 다가오는 것을 막기란 불가능해요. 게다가 치한 행위는 비교적 여유 있는 지하철 안에서도 일어납니다. 자리가 비어 있는데도 굳이 바로 옆에 앉아 무릎 위에 신문을 펴놓거나, 손잡이를 잡고 정면에 서서 성기를 노출한다거나. 아~ 지긋지긋한 변태(이런 걸 변태라고 하는 거예요!) 행위, 이건 거의 병이라고 할 수 있습니다. 그렇다고 참아서는 안 돼요. 불쾌하기 짝이 없으니까요.

여자가 틈을 보였으니 치한을 만나는 게 당연하다고 생각하는 사람이 오랫동안 정말 많았습니다. 그래서 1990년대 도쿄 지하철에서 '추행은 범죄입니다'라는 포스터를 봤을 때의 감격을 저는 잊을 수가 없어요. 추행은 성범죄입니다. 성범죄는 반드시 단속해야 합니다.

그러기 위해서는 두 가지 조건이 필요합니다. 첫째, 피해자가 목소리를 내는 것. 둘째, 주위 사람이 못 본 척하지 않는 것. 이 점이 꽤 리스크가 높지요. "이 사람, 치한이에요!"라고 말했을 때 오히려 화를 내며 해코지를 하는 경우도 있고, 목소리를 높여도 주변이 무시하면 고립된 상황에 놓일 수 있습니다. 주변 사람들도 치한은 절대 용서하면 안 된다고 생각해 주면 좋을 텐데 말이죠. 그럴 때는 함께 타고 있던 남성 승객이 "너 뭐하는 거야!"라고 치한을 붙잡아 주면 좋겠죠. 최근에는 용기 있는 여성이 치한의 손을 잡고 다음 역에서 내려, 철도경비원과 역무원들이 힘을 합쳐 치한을 경찰에 넘긴 사례도 있었습니다. 하지만 10대 여성에게 그런 용기를 요구하는 것은 가혹합니다.

치한을 만나면 화가 치밀어 오릅니다. 치한을 만났다는 이야기를 들은 친구나 어른은 어떻게 반응하면 좋을까요? 질문자의 엄마와 선생님처럼 "네가 틈을 보이니까"라는 말은 정말 최악이에요. 제가 아는 여성은 중학생 시절, 선생님에게 말했더니 상대도 해주지 않았다고 해요. 그래서 두 번 다시 선생님은 믿지 않게 되었다고 합니다. 당연히 그렇겠죠. 피해 사실을 들었을 때 주변에서는 여러분의 편이 되어 "기분 나빴지!" "용서할 수 없어!"라고 함께 분노해야 합니다. 그래야 나쁜 건 내가 아니고, 나는 피해자라고 생각할 수 있으니까요. 이게 당연한 거 아닌가요? 피해자는 잘못이 없다, 나쁜 쪽은 가해자라는 사실 말이에요.

이렇게 말하면 바로 나오는 말이 치한 원죄(冤罪)•설입니다. 아주 가~끔 억울하게 죄를 뒤집어쓰고 '인생이 망가졌다'는 남성이 나올 때도 있습니다.•• 하지만 그 이상으로 많은 가해자가 벌을 받지 않고 방치됩니다.••• 한 남성잡지에는 어느 지하철 노선이 추행을 하기 쉽다는 등 말도 안 되는 기사가 실리기도 합니다. 이 나라는 치한 문화라고 말할 수 있을 정도로 치한에 관대한 풍조가 만연하고 있습니다. 물론 누명이란 있어서는 안 되는 일입니다. 하지만 치한 원죄를 만드는 것은 여성이 아닙니다. 여성이 목소리를 높였다고 해서 자동

- 억울하게 뒤집어쓴 죄 — 옮긴이

•• 유독 성폭행과 관련하여 여성의 피해 사실이 의심받는 경우가 많다. 이런 경우 무고죄로 피해자가 법정에 서기도 한다. 성범죄를 당한 피해자가 사적 이익을 노리지는 않았는지, 피해자가 응당 가지고 있어야 할 '태도'에서 벗어나지는 않았는지 등 여러 방면에서 검열을 당한다. 2020년 한국여성정책연구원의 「성폭력무고 고소라는 2차 가해―성폭력무고죄 검찰 통계 분석」이라는 조사 결과에 의하면 성폭행 가해자로 지목된 사람이 피해자를 무고로 고소한 경우는 2017년과 2018년 두 해에 걸쳐 824건이었다. 그중 불기소 비율이 84.1퍼센트이며, 기소된 사건 중에서도 15.5퍼센트가 무고죄를 선고받았다. 성폭력 무고로 고소된 사례 중 유죄로 확인된 비율은 전체의 6.4퍼센트인 것이다.

••• 검찰청에서 발표한 범죄 통계에 따르면 2020년 집계된 성폭력범죄는 30,105건이었다. 그리고 2012년 한국형사법무정책연구원 자료에 의하면 성폭력 범죄는 실제 일어난 사건의 8.4퍼센트만 신고로 이어졌다.

으로 치한 행위를 인정해 주는 것도 아닙니다. 원죄를 만드는 것은 엉성한 범죄 조사와 사법기관입니다. 경찰과 사법기관의 문제점을 여성에게 전가하는 것은 번지수가 틀린 행위입니다.

치한 원죄설을 주장한다면, 원죄가 일어날 정도로 모든 남성을 잠재적 치한이라고 여기는 이 나라의 치한 문화에 비판의 화살을 겨냥해 주세요. 그 치한 문화를 만들어 낸 것은 남성들이라는 사실을 잊지 말고요.

여고생이라서 할 수 있는 아르바이트

번화가를 걷고 있는데
호스트로 보이는 미남이 다가와
"너, 여고생이니?"라고 물었습니다.
아무 생각 없이 그렇다고 하니
아르바이트를 권하더라고요.
남자와 함께 산책만 해도 꽤 많은 돈을
준다고 했습니다. **여고생일 때만 할 수 있는
아르바이트**라니 좀 흔들려요.
덕질을 하려면 돈이 꽤 필요하거든요.
여고생인 **지금밖에 못하는 아르바이트는
나쁜 걸까요?**

으윽, 기분 나빠.

하긴 몇 년 전만 해도 10대 여학생이 번화한 시내를 걷고 있으면 "너, 얼마니?"라고 말을 거는 아재가 있었습니다. 엥? 내 몸이 돈이 된다고? 네, 맞아요. 어떤 아재에게는 그렇답니다. 여성의 성적 서비스를 상품화하는 시장도 있습니다. 거기에 들어가려면 18세 이상이 되어야 하기 때문에 여고생은 들어갈 수 없습니다. 금지되어 있으니 더욱 여고생에 불타는 변태 아재들이 있는 거죠. 성숙한 여성보다 순진한 소녀가 좋다(다른 남성과 비교되지 않으니까), 돈을 잘 쓸 줄 모르는 10대가 좋다(저렴한 식사 대접이나 작은 선물에도 기뻐하니까), 교복을 입으면 더 좋다(청순하고 금지된 기분을 느껴서 더 좋다)……. 아아, 이렇게 쓰고 있기만 해도 불쾌하네요.

여고생 비즈니스는 그런 아재들을 상대로 하는, 남자의, 남자에 의한, 남자를 위한 비즈니스입니다. 여고생은 아주 적은 돈을 내기만 하면 얻을 수 있는 상품인데, 여고생에게는 그래도 보통 아르바이트보다는 벌이가 크기 때문에 쉽게 흔들리는 거죠. 18세 미만이라서 직접적으로 '섹스 서비스를 하는 알바'라고는 절대 말하지 않습니다. '산책만 한다' 생각하고 막상 가 보면 그것만으로는 절대 끝나지 않습니다. "손 잡아도 돼?" "가슴 만져도 돼?" "팬티를 벗어 줄래?"라는 식으로 점점 수위가 올라갑니다. 사업자는 그것을 이미 예상하고 있기 때문에 훌륭한 돈벌이가 되는 거예요. '부모나 학교에는 반드시 비밀로 하라'는 것은 타인에게 말할 수 없는 일을 하게 되기 때문입니다.

일명 포르노라 불리는 19금 영화의 여배우 섭외를 어떻게 하는지 알고 있나요? 시부야나 신주쿠 거리를 걷고 있는 예쁘장한 여자에게 미남이 다가갑니다. "나는 모델 소속사 직원인데 모델 데뷔해 보지 않을래? 너라면 충분히 할 수 있어." "사진 촬영할 모델을 찾고 있는데 내가 생각한 이미지에 네가 딱이야." 이런 말로 유혹한다면 당연히 흔들리겠죠. 자존심도 자극되고요. 그렇게 쉽게 넘어오게 해놓고 계약서에 사인을 하면, 촬영현장에 가보고 나서야 진짜로 어떤 일을 하는지 알게 되는 거예요. 만약 거부하면 계약서에 다 써 있다, 따르지 않을 거면 위약금을 내라고 했다는 피해 사례가 많습니다. '쉽게 돈을 벌 수 있는 일'에는 반드시 내막이 있다고 의심하는 게 좋아요.

확실히 여고생에게는 상품 가치가 있습니다. 게다가 그 상품 가치의 기간은 한정되어 있어요. '그렇다면 가치가 있을 때

내 몸을 사용하는 게 뭐가 나쁘지?'라고 생각할 수도 있겠죠. 그런데 그 여고생 비즈니스로 여러분이 만나게 되는 사람은 어떤 남성일까요? 거기까지 생각해 봤나요? 처음 보는, 잘 모르는 여고생에게 여고생이라는 사실만으로 흥분해서 꽤 큰 돈을 지불하는 남성 말이에요. 아마 아내와 자녀도 있겠죠. 어쩌면 여러분과 비슷한 나이의 딸이 있을지도 몰라요. 만약 여러분의 아빠가 똑같은 짓을 다른 여자아이에게 한다면, 어떤 생각이 들까요?

갈 곳이 없어 도시를 방황하는 젊은 여성에게 안전한 장소와 식사를 제공하는 사단법인 콜라보(https://colabo-official. net)의 대표 니토 유메노라는 사람이 있습니다. 늦은 시간이 되어도 집으로 돌아가지 않는 데에는 사정이 있습니다. 때리는 아빠가 있다거나 학대하는 엄마가 있다거나. '오늘 밤에 잘 곳이 없다'고 당장 SNS에 올리기만 해도 금세 '우리 집에서 재워 줄게'라고 유혹의 손길을 뻗치는 남자가 몇 명이나 나타납니다. 이런 남자들은 '신'이라고 불립니다. 아주 저렴한 '신'이지요. 그리고 그 '신'에게는 흑심이 있습니다. 그런데도 갈 곳이 없는 여자아이들은 얼떨결에 '신'(왜인지 남자 신만 있습니다)이 사는 곳으로 따라가 버립니다. 그리고 신세를 졌으니 보답을 해야 한다는 생각으로 섹스에 응하기도 합니다. 이런 여자아이들에게 "잠깐, 기다려! 우리한테 와"라고 말을 걸어 주는 이들이 바로 니토 씨와 동료들입니다.

니토 씨와 동료들은 여자아이들이 길에서 겪은 경험을 모아 〈우리들은 '팔렸다'〉라는 이름으로 전시회를 열었습니다. 그런데 그 전시를 보고 분노하는 남성들이 있었습니다. '따라온 건 너네잖아?' 다 스스로 한 결정이고 자기 책임이라면서 말이죠. 남자 '신'들은 밤이 되면 여자아이에게 라면을 사주거나 집에 재워 주거나(그 핑계로 하고 싶은 짓을 하거나), 조금은 찔리는지 다음 날 아침에는 용돈을 주기도 합니다. 이건 결국 대가를 동반한 섹스 서비스와 똑같습니다. '그렇다면 우리는 결국 푼돈에 팔린 거야?'라는 느낌이 드는 것도 무리가 아닙니다. 이왕 팔 거라면 더 비싸게 팔걸 하고 후회하며 점점 교섭의 기술을 익혀 가는 아이도 나오겠죠. 하지만 애초에 "너, 얼마야?"라고 가격을 매긴 것은 아재들입니다. 젊은 여성의 어려운 상황을 이용해서 자신의 성욕을 충족하려고 하다니, 그저 징그러운 남자일 뿐입니다.

이런 아르바이트를 하다 보면 '좀 불쾌하긴 하지만 이 정도라면 괜찮아, 돈이 되니까' 이런 생각으로 행동도 점점 더 과

감해질 거예요. 그렇게 해서 여러분이 얻는 것은 뭘까요?

확실히 돈은 벌 수 있을지도 모릅니다. 하지만 그건 불쾌함을 참고 받은 돈이에요. 그 상대 남성 때문에 여러분은 남자란 다 이런 것이다, 남자란 별것 아니다, 남자란 더럽다고 생각하게 됩니다. 그리고 그 기분 나쁜 남자에게 돈으로 팔리는 자신도 싫어집니다. 결국에는 스스로를 존중할 수 없게 되지 않을까요?

여고생 비즈니스뿐만이 아닙니다. 나를 존중해 주지 않는 상대와 사귀면 스스로를 존중할 수 없게 됩니다. 여고생으로서는 벌기 힘든 큰돈을 벌기 위해 지불해야 하는 대가가 자존감을 잃는 거라면, 그 대가는 너무 비싼 거 아닌가요?

갖고 싶은 것이 눈앞에 쌓여 있고 돈은 아무리 많아도 부족합니다. 하지만 분수에 맞는 취미를 가져 봅시다. 부족한 부분은 창의적인 생각으로 보충합시다.

나중에 어른이 되어서 '그때 참 열심히 살았지'라고 자부심을 갖고 떠올릴 수 없는 경험은 하지 않는 게 좋습니다.

결혼하고도 일을 할까, 말까?

사회인인 언니는 결혼하면
일을 그만두겠다고 합니다.
애초에 그럴 생각으로 열심히 노력해서
좋은 회사에 들어간 거라고요.
한편 오빠는 맞벌이를 할 사람이
좋다고 말합니다.
각자 다른 인생을 선택하는 게
당연하겠지만,
막내인 저는 그래도 좀 **이득을 보거나
편한 길을 선택하고 싶은데요.**
선생님, 어느 쪽이 나을까요?

네? 열심히 노력해서 좋은 회사에 들어갔는데 그 만두겠다고요? 이해가 안 되네요. '좋은 회사'란 여자가 계속 일하기에 '좋은 회사'가 아니라, 미래의 남편을 찾는 데 '좋은 회사'라는 말인가요? 결국 '좋은 회사'에는 '좋은 남자'가 있으니까, 좋은 남자를 잡아서 재빨리 일을 그만두겠다, 이런 뜻인가요?

그럼 언니는 처음부터 일을 하려고 취업한 게 아니었네요. 언니는 결혼이라는 '영구 취직', 즉 취업이 아니라 결혼을 위해 회사를 골랐다는 거지요? 언니의 선택은 옛날 사람이나 하던 거예요. 1990년대 이전에는 그게 보통 여자의 삶이었죠. 하지만 이미 그런 시대는 끝났어요.

예전에 그런 게 통했던 데에는 이유가 있었습니다.

첫째, 이혼율이 낮고 결혼 생활을 평생 해야 했습니다. 하지만 이제 '영구 취직'이란 것은 사라졌습니다. 결혼은 불안정해졌고, 이제는 커플의 3분의 1이 이혼하는 시대가 되었습니다. 이혼 사유는 여러 가지입니다. 가정폭력과 부부쌍방의 혼외 연애, 독박가사·육아 및 간병 부담도 있습니다. 인생이 길어진 만큼 결혼은 이제 이야기의 '결말'이 아닙니다. '왕자님과 공주님은 그 후 행복하게 잘 살았답니다'로 끝날 수가 없게 되었어요.

둘째, '좋은 회사'의 안정성이 낮아졌습니다. 예전에는 일단 한 회사에 들어가면 그 회사에서 정년이 될 때까지 일했습니다. 그런데 요즘은 제자가 취직 소식을 전하러 오면 이런 말을 하게 되었어요. "축하해. 그런데 그 회사, 네가 정년이 될 때까지 있을지 모르겠다." 이 격동의 시대에는 아무리 유명한 기업이라도 언제까지 버틸지 알 수 없습니다. 사실 대기업이 도산하는 모습을 우리는 수없이 봐왔습니다. 거기다 인생은 길어졌습니다. 기업도 살아 움직이는 생명체입니다. 대부분 기업의 수명은 개인의 수명보다 짧습니다.

이런 이유로 언니의 선택은 리스크가 너무 크다고 말할 수 있습니다.

그런 면에서 오빠는 언니보다는 현실을 잘 알고 있다고 할 수 있겠죠. 이렇게 앞이 보이지 않는 시대에는 리스크를 함께 짊어질 수 있는 파트너가 좋습니다. '함께 일해 줄 사람이 좋다'는 오빠의 선택은 현실적이에요. 그래야 일자리를 잃거나 이직을 해도, 또는 병이나 사고를 당해도 손실을 피할 수 있기 때문입니다. 그런데 오빠는 '함께 일한다'와 더불어 '함께 가사와 육아를 한다'는 각오도 하고 있을까요? 남성 중에는 종종 '가계를 혼자 짊어지는 건 싫다'면서도 '가사 육아는 가능하면 하고 싶지 않다'는 사람들이 있습니다. 이런 남성이 원하는 상대는 '돈을 벌면서(그 금액은 내 수입을 넘으면 안 되고), 불평 없이 독박육아와 가사를 해줄 아내'인 거죠.● 하지만 아내는 반드시 불만이 쌓일 테니 '불평 없이'는 불가능한 일이에요.

자, 그럼 언니와 오빠를 쭉 관찰하고 있는 질문자의 '득이 되고 편한 길'은 무엇일까요? 무엇이 이득이고 편한지는 시대의 조건에 따라 달라집니다. 예전에는 언니의 선택이 '득이 되고 편한' 생활이었을지 모르겠지만, 지금 시대에는 가장 위험한 선택일지도 모릅니다. 오빠의 선택은 남자에게는 매우 합리적인 '득이 되고 편한' 선택이지만, 과연 오빠의 미래 파트너

● 2019년 우리나라 19세 이상 성인 남성의 하루 평균 가사노동 시간은 56분으로, 2014년보다 10분 증가했고, 성인 여성은 12분 줄어든 3시간 13분이었다. 여성이 홀로 경제활동을 하는 경우에도 집안일은 여성에게 더 가중되었다. 또한 2019년 취업여성의 가사 시간(가정관리 +돌보기)은 하루 평균 2시간 24분으로 취업 남성의 가사 시간(49분)에 비해 하루 평균 1시간 35분 더 많은 것으로 드러났다. 맞벌이 가구인 경우 여성 가사 시간은 2019년 3시간 7분, 남성 가사 시간은 54분으로 여성이 2시간 13분 더 많았으며, 남편 외벌이 가구의 경우 여성(5시간 41분)은 남성(53분)에 비해 4시간 48분, 아내 외벌이 가구의 경우 여성(2시간 36분)은 남성(1시간 59분)에 비해 37분 더 많았다. 여성은 어떤 조건에 있든 가사 노동에 남성보다 훨씬 더 많은 시간을 쓴다. 출처: 통계청 「2019 생활시간 조사」(2020)

에게는 어떨까요?

오빠의 선택이 리스크가 적은 것은 사실이니까, 우선 스스로 돈을 벌 수 있어야 합니다. 그리고 나에게 '독박가사·육아'를 떠넘기지 않을 파트너를 발견하거나, 파트너를 그런 사람이 되도록 교육시켜야 합니다. "사랑한다면 나를 소중히 대해 줘"라고 상대에게 요구하기 위해서는 서로 존중할 수 있는 파트너를 고를 필요가 있습니다. 그러기 위해서는 스스로에게 솔직해지고, 상대방을 진지하게 마주해야 합니다. 결국 인생을 살아가는 데 '득을 보거나 편한' 길은 없는 거예요.☺

다르게 살면 안 돼?

저보다 나이 많은 사촌이 동거를
시작했습니다. 주변에서는 다들
결혼할거냐고 묻는다고 하네요.
하지만 사촌은 같이 살아도 되는 사람인지
아닌지를 확인하고 싶어서 일단 살아
보기로 했다고 합니다.
그런데 **"임신하면 어떡할 거냐"**
"흠이 생기는 거다"라며 친척들이
시끄러워서 난감해하고 있어요.
저는 **결혼에 이르는 길도, 결혼 방식도**
한 가지는 아닐 거라고 생각하는데요.

저도 예전부터 왜 일본에서는 동거가 늘어나지 않는지 신기하다는 생각을 했습니다. 섹스도 해보지 않으면 알 수 없고, 둘의 궁합도 같이 살아 보지 않으면 알 수 없으니까요. 결혼은 일생일대의 선택 중 하나입니다. 옷을 하나 사려고 해도 입어 보고 사는 마당에, 테스트 한번 없이 결혼으로 내달리다니 리스크가 너무 큽니다. 옛날의 신혼부부는 결혼식 날 밤이 진짜 '첫날밤'이었다는 걸 알고 있나요? 그게 첫 섹스인거예요. 해보고 나서 궁합이 안 맞으면 어떡해요! 결혼을 취소할 수도 없고요. 그래서 결혼은 도박이라고 말하는 사람도 있습니다. 인생 최대의 선택 중 하나를 운에 맡기다니, 너무나 위험합니다. 맞으면 괜찮지만, 꽝이라면 평생 꽝인 채로 살아가야 하니까요. (물론 이혼을 할 수는 있지만 비용과 에너지가 듭니다.)

따라서 사촌의 선택은 현명합니다.

동거는 사실혼이라고도 합니다. 법적으로 신고를 하지 않았을 뿐, 남녀가 공동생활을 하는 것은 동일합니다. 시작하는 것도 그만두는 것도 당사자에게는 큰 결단입니다. 얻는 것도 있고 상처를 입기도 합니다. 그런 큰 결단을 실행한 사촌을 축복해 주세요.

섹스를 해도 임신하지 않도록 주의하면 되고, 언젠가 부모가 될 것을 예상하고 섹스를 할 수도 있습니다. 임신해도 좋은 상대라는 것을 확인하고 나서라면 그것도 좋습니다. 임신을 하면 아이의 부모가 되기 위해 결혼을 해도 되고 안 해도 됩니다.

사람은 다 제각각입니다. 서로를 이해하는 커플이라면 종이 한 장짜리 신고서가 있든 없든 똑같습니다. 법률상으로 결혼을 했어도 파탄이 나려면 나는 거예요. 혼인신고서가 커플의 영속성을 보증해 주지 않는다는 것은 주변을 보면 충분히 알 수 있을 거예요.

'주변'과 '친척들'이 시끄러운가 보군요. 이 사람들은 결혼이 평생 가는 것이고, 일단 처녀성을 잃으면 흠이 생겨서 두 번 다시 매물이 될 수 없는 시대를 살아왔나 봐요. '흠'이라니, 여자가 상품 취급을 받던 시대의 말입니다. 결혼은 여자를 비싸게 파는 거래가 아니에요. 안타깝게도 아줌마들은 그런 시대를 살아 왔기 때문에 상대방을 잘 알아보지도 못하고 도박 같은 결혼을 할 수 밖에 없었습니다.

유럽에는 아이가 태어나도 사실혼인 채로 동거를 지속하는 커플이 매우 많습니다. 그 결과 아이는 혼외자로 신고됩니다. 그러면 아이가 너무 불쌍하다고요? 그런 생각을 하는 것은 일본에서는 혼외자가 부당한 차별을 당하기 때문이죠. 유럽의 사실혼 커플은 법률상의 결혼과 비교해도 아무런 불리함이 없고, 아이가 혼외자여도 아무 문제가 없습니다. 오히려 싱글맘을 위한 우대 정책까지 있습니다. 법률상으로 결혼을 해 봤자 별다른 득이 없기 때문에 사실혼을 지속할 수 있습니다. 그래서 신생아 중 혼외자의 비율이 프랑스에서는 59.7퍼센트, 스웨덴에서는 54.9퍼센트, 독일은 35.5퍼센트, 심지어 보수적인 이탈리아조차 28퍼센트라고 합니다. 이에 비교하면 일본의 혼외자 출생률은 2.3퍼센트로 정말 미미하죠 (OECD Trends Shaping Education 2019).[•] 일본은 법률혼을 하는 게 득이고, 혼외자는 불리한 사회를 만들었기 때문입니다. '아이가 불쌍한' 게 아니라, 사회가 '아이를 불쌍하게' 만든 겁니다. 그런 사회를 만들고 있는 것은 다름 아닌 '아이가 불쌍하다'고 말하는 아저씨와 아줌마들이죠.

일본에서도 사실혼과 혼외자가 서서히 늘어나고 있습니

[•] 같은 조사에서 한국의 혼외자 출생률은 1.9퍼센트였다. OECD 국가 평균은 40.3퍼센트다.

다. 사실혼은 법적 계약이 아니라, 상대와의 애정으로만 이어진 관계이기 때문에 커플 사이에 긴장감이 줄곧 유지됩니다. 이런 커플 사이에서 아이가 생기면 남성은 이름뿐인 '아버지' 역할에 안주하지 않을 거예요. '부모가 된다'는 것은 '부모다운' 일을 해야 이룰 수 있기 때문이죠. 계약을 맺고 나면 안심하고 방심하는 것은 대부분 남성입니다. '잡은 물고기에는 먹이를 안 준다'고 하잖아요? 여성을 '잡은 물고기'에 비유하는 것도 대단한 실례인데 말이죠.

질문자의 사촌은 무모하다기보다는 신중한 거예요. 새로운 인생을 선택한 사촌의 행보를 지켜보고 응원해 주세요.

4장 ———— 사회를
바꾸려면

여성 정치가가 적은 이유

다른 나라에는 여성 정치가와 장관이
배출되고 있는데 **왜 일본은
별로 없을까요?**
국회의원·장관의 임신과 출산휴가,
육아휴직도 인정해 주는데,
왜 일본에서는 안 되고 있을까요?

그러게요. 정말 이상한 일이죠. 왜 그럴까요?

일본은 민주주의 국가입니다. 정치가가 되려면 우선 선거에 입후보하여 당선되어야 하죠. 의원내각제에서는 국회의원 중에서 장관을 뽑기 때문에 총리든 장관이든 우선 국회의원이 되어야 합니다.

일본 국회의원 중 여성의 비율은 중의원에서 9.9퍼센트 (2020년 6월, 중의원 홈페이지), 참의원에서 22.9퍼센트(같은 해 7월 현재, 참의원 홈페이지), 각료는 21명 중 2명(2020년 9월) 입니다.● 역대 총리 중에 여성은 한 명도 없습니다. 핀란드에서는 여성 대통령과 여성 수상이 탄생했고, 독일과 영국, 뉴질랜드에서도 여성 수상이 나왔는데 왜 일본은 이렇게 적을까요?

정치가는 우선 지방의원이 되어 경험을 쌓고 지지 기반을 탄탄히 만들어야 국정에 진출할 수 있습니다. 그렇게 몇 년을 경험하고 각료가 되는 것이 통상적인 코스이기 때문에(물론 갑자기 국회의원이 되는 사람도 있지만), 저변에 여성 정치가

● 국제의원연맹IPU이 집계한 여성 국회의원 비율에 따르면 2021년 일본의 총 의원 수는 464명이고, 그중 여성 의원 비율은 9.9퍼센트다. 우리나라는 총 의원이 300명이고, 그중 여성 의원은 19.9퍼센트를 차지했다. 여성 의원 비율이 가장 높은 나라는 스웨덴으로 47퍼센트였고 미국은 27퍼센트를 차지했다.

수가 적으면 당연히 높은 위치에 오르는 사람도 적을 수밖에 없습니다. 아무리 여성 관리직을 늘리자고 해도 경험을 쌓은 인력이 없으면 갑자기 늘어날 수는 없다는 뜻이에요.

여성 정치가가 적은 이유는 여성 후보자가 적기 때문입니다. 도쿄대에 여학생이 적은 것과 마찬가지로, 애초에 여성 응시자가 적기 때문에 합격자도 적은 거예요. 입후보하는 여성이 적기 때문에 유권자에게 선택지가 없고, 결과적으로 여성 정치가가 늘지 않고 있습니다. 유권자에게는 선거권과 피선거권(입후보하여 선택될 권리) 양쪽 모두가 주어집니다. 그런데 일본 여성은 선거권을 행사하는 비율은 남성보다 높지만(투표율은 언제나 여성이 남성보다 높은 경향이 있습니다), 피선거권을 행사하는 일이 적었던 거죠.

참정권이란 자신이 속한 집단의 운명을 스스로 결정할 수 있는 주권자의 권리입니다. 유권자 중에 투표하지 않는 사람도 있습니다. 권리가 있는데 행사하지 않는 것은 여자의 문제일까요? 여성 참정권 운동에 평생을 바친 이치카와 후사에° 씨는 여성이 참정권을 얻고 나서도 전혀 바뀌지 않는 정치에 실망하여 죽기 전에 이런 말을 남겼습니다.

"권리 위에서 잠들지 말라."°°

전쟁 전에는 여성에게 참정권이 없었습니다. 여성의 참정권은 패전 직후에 부여되었고,[**] 1946년 제1회 총선거에서는 여성 의원이 단번에 39명이나 등장했습니다. 여성들이 드디어 쟁취한 참정권에 대흥분했기 때문입니다. 하지만 그 후 이 숫자를 넘긴 적이 없습니다(최근에는 중의원이 35명입니다).

왜인지 생각해 봅시다. 일본에서 여성 정치가가 나오기 힘든 이유에는 여러 가지가 있습니다.

첫째, 남자가 앞이고 여자가 뒤라는 남성 우위의 사회통념이 있습니다. 패전 직후 선출되었던 여성 의원들이 재선에 성공하지 못한 이유는 전후의 혼란기가 끝나고 남자들이 전쟁에서 복귀하면서 다시 예전의 질서로 돌아왔기 때문입니다. 여자들은 원래 있던 자리로 돌아가라는 말이었죠.

둘째, 정치가가 지역이나 단체의 이익 대표처럼 되어 버렸

- 이치카와 후사에(1893~1981)는 일본의 페미니스트로, 일본 여성 참정권 운동의 핵심 인물이다. 그는 사범학교 재학 시절 "현모양처를 기르는 교육에 반대한다"며 수업을 거부했다고 한다.

- •• 독일 법학자인 루돌프 폰 예링은 저서 『권리를 위한 투쟁』에 "권리 위에 잠자는 자, 보호받지 못한다"라고 썼다.

- •• 대한민국에서 여성 참정권이 보장된 것은 1948년이다.

기 때문입니다. 주민회나 단체가 밀어주는 것은 전부 남자예요. 주민회장이나 조직의 장이 남자뿐이니 거기서 나오는 후보자도 남자가 되기 쉽습니다.

셋째, 여성이 입후보하려고 하면 반드시 가정 내에서 저항 세력이 나타나기 때문입니다. 바로 남편과 친척이죠. 왜냐하면 여성의 역할은 가사와 육아인데, 공적인 자리에 오르면 집안일을 소홀히 하게 될 거라는 거예요. 게다가 지방의원이라는 것도 지역의 명사가 되는 것입니다. 아내가 남편보다 눈에 띄거나 대단한 사람이 되어서는 안 된다는 주위의 시선도 있을 거예요. 아이는 의외로 지원군이 되어 줍니다. "엄마가 하고 싶은 일이라면 응원할게요"라고 말해 줄 거예요. 실제로 선거에는 '가정 내 저항세력'이 없는 여성, 즉 남편과 사별한 미망인(未亡人, 남편과 함께 죽었어야 했는데 아직 죽지 못한 사람이란 뜻이니까, 이것도 참 심한 말이죠)과 이혼한 싱글맘이 나오기 쉬운 경향이 있다고 합니다.

넷째, 성별뿐만 아니라 연령도 관련이 있습니다. 일본은 집단에서 리더를 결정할 때 최고령 남성을 내세우는 경향이 있습니다. 여성만 있는 집단에서는 최고령 여성이 리더가 됩니다. '나이 순'으로 서열을 정하던 옛 습관의 흔적이죠. 그런데 이제는 모두가 오래 살게 되었습니다. 또한 고령자만으로는 정치가 활성화되기 어렵죠. 그래서 후보 정년제를 만든 정당도 있습니다. 여성 의원으로 뽑히는 사람도 주로 육아 부담이 사라진 중장년층의 여성이 많았습니다. 그래서 현역 정치가가 임신과 출산을 한다는 생각은 아무도 해보지 않았을 거예요. 정치가에게 출산휴가와 육아휴직이 없는 것은 지금까지 선례가 없었기 때문입니다. 앞으로는 임기 중에 출산과 육아를 하는 의원이 늘어날 것입니다. 구마모토 시의회에서는 수유중인 아기를 의장에 데려온 여성 의원이 의회로부터 징계 처분(!)을 받았지만, 앞으로는 오히려 의회에 어린이집이 필요해질 것입니다.•

다섯째, 선거 방식이 크게 3가지, 즉 지지 기반·간판·가방에 의존해 왔기 때문입니다. 지지 기반은 지지자 조직을 말합니다. 고향의 이익을 대표하는 조직을 계승하는 것은 보통 대

• 우리나라에도 비슷한 일이 있었다. 2021년 7월, 기본소득당 용혜인 의원은 생후 60일가량 된 아이를 데리고 국회에 출근했다. 표면적으로는 국회 회의장에 수유가 필요한 영아 자녀를 데리고 출입할 수 있어야 한다는 국회법 개정안을 내세우기 위해서였다. 하지만 그보다 더 상징적으로 여성이 출산과 함께 경력을 이어 가기 어려운 현실을 바꿔 나가자는 취지로도 볼 수 있다.

대로 이어지는 정치가와 그 자녀입니다.* 그래서 세습의원이 늘어나는 거예요. 여성이어도 유명한 남성 정치가의 아내나 딸이라면 이 지지 기반을 이어받을 수 있습니다. 간판은 지명도를 말하는데, 겉으로 나서는 일이 적으면 지명도 역시 낮을 수밖에 없습니다. 미디어의 힘은 매우 크기 때문에 텔레비전에서 활약한 것만으로 지명도를 얻어 정치가가 된 여성도 있습니다. 가방은 바로 돈을 말합니다. 옛날에는 돈을 주고 표를 사던 시대가 있었습니다. 지금도 돈을 주고 '표를 사는' 선거 위반은 사라지지 않았습니다. 선거에는 돈이 든다는 '상식'이 있었기 때문에, 돈이 있는 사람만 선거에 나가는 경향도 있었습니다. 이를 막기 위해 공직선거법은 선거 포스터나 엽서 등을 만드는 데 필요한 일정 비용을 공적 비용에서 지출할 수 있게 했습니다. 그런데 여성 후보자 중에는 이 지지 기반·간판·가방 하나 없이 공약만으로 당선된 사람도 있기 때

● 이를 세습정치라고 한다. 정치인이 은퇴를 하고 자신의 자녀를 후계자로 지목하여 같은 지역구에 출마시키는 경우를 일컫는다. 실제로 이렇게 출마한 경우 당선확률이 매우 높다. 일본의 한 신문사는 세습 정치인의 당선 확률이 80퍼센트라고 집계하기도 했다. 이런 구태 때문에 능력 있는 신인 정치인이 국회에 진출하기 어려워진다는 문제점이 있다.

문에 선거 방식도 이제 바뀌기 시작했다고 말할 수 있습니다.

여섯째, 선거 시스템 자체가 여성에게 불리하게 만들어져 있습니다. 일본은 오랫동안 중선거구제(복수 선출)였다가 1996년에 소선거구제(한 구에 한 사람)로 바뀌었습니다. 하나의 선거구에서 복수의 국회의원을 선출하는 중선거구제는 일등으로 뽑힌 사람 외에도 이등, 삼등까지 당선될 가능성이 있지만, 일등 한 사람만 뽑으면 후보자와 당선자 모두 남자로 좁혀집니다. 전교회장 모임에 한 반에서 두 사람, 즉 남자 반장, 여자 부반장의 조합으로 참가할 수 있게 하면 전체적으로 남녀 반반이 되지만, 반장만 모이게 하면 전원 남자가 되는 것과 마찬가지입니다. 이 소선거구제는 여성뿐만 아니라 소수 정당에도 현저하게 불리했습니다. 당선자 이외의 후보자에게 투표한 유권자의 표가 모두 '사표死票'가 되기 때문입니다. 참고로 지난번 중의원 선거(2017년)의 사표율은 48퍼센트였어요. 이 정도면 투표에 대한 의욕이 사라질 만도 하죠.

일곱째, 또 한 가지 불리한 시스템은 공탁금이라는 제도입니다. 입후보한 사람은 일정량의 득표 수를 얻지 못하면 선거관리위원회에 맡긴 공탁금을 전액 몰수당합니다. 공탁금 금액은 도도부현 의회가 60만 엔, 중의원 소선구제가 300만 엔,

비례구라면 600만 엔(정촌 의회는 공직선거법개정에 따라 2020년 12월부터 15만 엔)입니다. 꽤 큰돈이죠? 이런 돈을 마련할 수 있는 후보자는 많지 않습니다. 정당의 공식후보가 되면 정당이 공탁금을 대신 감당해 주지만 그럴 경우 정당은 당선이 확실한 후보자를 고를 테니 신인 여성에게는 좀처럼 그런 기회가 주어지지 않습니다. 이런 제도는 즉흥적으로 입후보하는 사람을 줄이기 위해 입후보의 벽을 높입니다.•

여덟째, 더욱 불리한 시스템이 있습니다. 후보가 직장인이라면 당선된 후에는 일을 그만둬야 한다는 것입니다. 의원은 특별직 공무원으로 지자체 및 나라의 고용자입니다. 따라서 다른 고용과 중복되어서는 안 됩니다. 농업이나 회사 경영 등 자영업이라면 그만두지 않아도 됩니다. 의원직은 임기제로, 4년 후에도 의원직이 지속될지는 알 수 없기 때문에 지금의

• 우리나라에서는 기탁금 납부제라는 이름으로 시행된다. 대통령을 비롯해 국회의원 등 공직 선거에서 후보자 등록을 할 때 관할 선거관리위원회에 일정 금액을 기탁하게 한다. 대통령 선거에는 3억, 국회의원 선거는 1,500만 원을 낸다. 후보자가 당선되거나 총 투표 수의 15퍼센트 이상 득표한 경우 전부 돌려받는다. 그러나 기탁금 제도가 평등한 선출 기회를 제한한다는 헌법상의 문제도 제기되고 있다. 독일이나 프랑스 등 대다수 유럽 국가들은 기탁금 제도가 없거나 있더라도 우리나라처럼 금액이 크지 않고 상징적인 수준에 불과하다.

일을 내던지는 것은 리스크가 너무 큽니다. 직장에 따라서는 입후보하고 나서 그만둬야하는 곳도 있습니다. 퇴직을 하고 입후보해도 낙선하면 돌아갈 곳이 없습니다.

그렇게 이런저런 방법으로 의원이 되는 벽을 높이 쌓은 거라 할 수 있어요. 이러니 여성 국회의원이 늘어나지 않는 것도 당연합니다.

여성 정치가가 늘어난 나라에는 공통적인 특징이 있습니다. 그것은 역사 속 어느 지점에서 남녀 후보 할당제를 도입했다는 것입니다. 노르웨이는 1988년에 어느 한쪽의 성별이 40퍼센트를 넘지 않도록 하는 쿼터제를 도입했습니다.** 프랑스는 2000년에 정당의 후보자를 남녀동수로 하는 법률을 제정했습니다. 일본에서도 2018년에 후보자 남녀균등법(정식명칭은 '정치 분야에서의 남녀공동참여 추진에 관한 법률')이 성립되었지만, 지키지 않아도 불이익이 없기 때문에 정권 여당은 이를 지키지 않았습니다. 무언가 강제성이 생기지 않는 한 여성

** 우리나라 공직선거법 제6장에는 다음과 같은 조항이 있다. "정당이 임기만료에 따른 지역구국회의원 선거 및 지역구지방의회의원 선거에 후보자를 추천하는 때에는 각각 전구지역구총수의 100분의 30 이상을 여성으로 추천하도록 노력하여야 한다."

정치가는 늘어나지 않을 것 같습니다.

그렇다면 어떻게 해야 할까요?

국회의원을 늘리기 전에 우선 각지의 지방의원을 늘려서 최저수준을 끌어올려야 합니다. 지방의원을 늘리려면 어떻게 해야 하냐고요? 저에게 묘안이 있습니다. 정치가가 되는 문턱을 쑥 낮추면 됩니다. 지방의회를 파트타임제로 만들어 오후 5시 이후에도 열어 두고, 의원 보수도 아르바이트 시급 정도로 줄여서, 의원직을 다른 일을 하면서 지역을 위해 봉사하는 자원봉사자로 만들면 됩니다. 실제로 의회가 열릴 때만 일당제로 보수를 지급하는 지자체도 있습니다. 간단히 말하면 의원이 더 이상 높은 자리가 아니게 되어, 결국에는 사라지게 하면 됩니다. 의원 자리가 이득을 얻는 자리가 아니라면 굳이 쿼터제를 만들지 않아도 결국 남성이 이탈하고 여성이 늘어날 것이라고 저는 확신합니다. 왜냐하면 아재들은 자신에게 득이 되지 않는 일은 좀처럼 하지 않기 때문입니다. 선거도 이제는 인터넷을 활용할 수 있기 때문에 지역의 이익 대표가 아니더라도 인터넷에서 마음이 통하는 사람들의 지지를 받을 수 있습니다. 선거도 의회도 시대와 함께 변화하고 있습니다.

정치가의 일이란 시민의 호주머니에서 꺼낸 세금을 우선순위에 따라 꼭 필요한 곳에 재분배하는 것입니다. 누가 어디에서 무엇을 원하고 있는지, 여성은 잘 알고 있습니다. 어쩌면 정치란 여성에게 더 적합한 일인지도 모릅니다. 그런 경험을 쌓은 지방 정치가가 많이 나타난다면 그중에서 국정으로 보내고 싶은 사람들도 나오게 될 것입니다.

후보가 남자뿐이라서

얼마 전 참의원 보결 선거가 있었는데
후보자가 모두 남성이었습니다.
뽑고 싶은 사람이 없어서
투표하러 가지 않았어요.
**언제쯤 우리가 원하는
여성이 선거에 나올까요?**

앞의 질문과도 이어지네요. 왜 여성 후보가 나오기 어려운지 앞 질문의 답변으로 이해가 되었나요?

그런데 '여자면 아무나 괜찮은가'라는 문제가 항상 논란입니다. 여자가 여자를 응원하고 싶은 마음은 물론 이해하지만, 저도 응원하고 싶은 여성과 그렇지 않은 여성이 있습니다. 당연하죠. 남자가 사람마다 다르듯이 여자도 그러니까요. 여성 의원의 수가 어느 정도 늘어나면 여자도 다양한 사람이 있다는 걸 알게 되겠지만, 소수라면 그런 판단을 하기가 어렵습니다. '첫 여성 OO'라는 말이 붙는 여성들 중에는 남자 보스의 총애를 받는 경우도 꽤 있기 때문에 '저 여자 뭐지?' 싶은 경우도 종종 있습니다. 영국의 '첫 여성 수상'이었던 마가렛 대처는 영국의 페미니스트 사이에서는 평판이 매우 나쁩니다. 여성과 약자에게 박한 정치를 했기 때문이죠. 이 경험 때문에 영국의 페미니스트는 여성 정치인에게 그다지 기대를 하지 않습니다. 정치가를 판단할 때는 여자냐 남자냐보다는 그 사람이 어떤 정치를 할 것인지가 가장 중요합니다.

하지만 '여자도 다양한 사람이 있다'는 걸 알게 하기 위해서라도 우선 여자 수를 늘리는 것이 먼저입니다. 그래서 여성 의원을 늘리는 쿼터제가 있어야 합니다.

뽑고 싶은 후보자가 없을 때는 어떻게 하냐고 생각하는 여러분. 좋은 생각이 있습니다. 여러분이 입후보하는 것입니다. 25세부터는 피선거권을 행사할 수 있습니다.* 대학원생 신분으로 지방 의원이 된 사람도 있고, 2020년 4월에는 30대 여성이 도쿠시마 시장이 되었습니다.** 참정권이란 정치에 참가할 권리입니다. 더 이상 당신들에게 맡겨 둘 수 없다는 생각이 든다면, '그럼 내가 한번 해보겠다'는 것도 한 가지 방법입니다. 임기가 정해진 고용이지만 재미있는 경험을 할 수 있습니다. 여러분의 미래 선택지에 '정치가'가 추가되면 좋겠습니다.

---

* 우리나라에서도 만 25세에 달한 사람에게 중대한 결격 사유가 없는 한 피선거권을 부여했다. 그러다가 21대 국회에서 피선거권 연령을 25세에서 18세로 낮추는 공직선거법 개정안이 통과되었다. 결격사유란 선거사범, 금고 이상의 형을 받고 그 형이 실효되지 않은 경우 등이 있다.

** 2022년 5월까지 최연소 여성 국회의원은 21대 국회 국회의원이 된 정의당 류호정 의원이 있다. 류 의원은 1992년생으로 당선 당시 27세였다. 최연소 국회의원은 1952년 3대 총선에서 만 25세로 당선된 김영삼 전 대통령이다.

여자의 취업에는 덫이 너무 많아

취준생인 언니는 면접을 보고
돌아올 때마다 화를 냅니다.
"남자친구 있나?"라면서
사생활을 꼬치꼬치 캐묻거나
"다음에 개인적으로 만나자"라는
말을 듣기 때문이라고 합니다.
이런 건 성희롱 아닌가요?
어떻게 대처해야 할까요?

정말 짜증이 나겠네요. 취준생은 선택받는 쪽이라서 약자입니다. 그걸 이용하다니.

맞아요. 언니가 겪은 일은 성희롱이 맞습니다.

성희롱•은 '권력 남용에 의한, 원하지 않는 성적 접근'을 의미하는 확실한 인권침해 행위입니다. 취업 면접에서 채용하는 측과 채용되는 측은 대등하지 않습니다. 채용하는 쪽은 권력을 갖고 있습니다. 그 권력은 채용 업무 수행에 따른 직무상의 권력이지, 면접자 아줌마, 아재(아재가 압도적으로 많은 것 같지만)가 개인적으로 갖고 있는 권력이 아닙니다. 그 업무상의 권력을 채용 업무라는 직무를 뛰어넘어 취준생에게 성적으로 접근하기 위해 '남용'하는 것은 성희롱입니다. '당신이 알아야 할 것은 내가 이 일에 적합한가 아닌가다. 남자친구가 있는지 없는지가 무슨 상관이지? 당신 같은 아재와 왜 밖에서 따로 만나야 하지?' 이렇게 화가 나는 게 당연하지만, 말

• 성희롱은 어떻게 정의할 수 있을까? 「남녀 차별금지 및 구제에 관한 법률 제2조」에서는 업무, 고용 기타 관계에서 지위를 이용하거나 업무 등과 관련하여 성적 언동 등으로 설적 굴욕감 또는 혐오감을 느끼게 하는 것, 여기에 응하지 않을때 고용상의 불이익을 주는 것을 말한다고 정의한다. 성희롱은 육체적인 행위는 물론이고 시각적인 행위, 언어적인 행위, 스토킹이나 교제를 집요하게 요구하는 행위까지 넓게 포함한다.

로 할 수는 없다는 것이 취준생의 비애입니다. "개인적으로 만나자. 회사 일에 대해 여러 가지 알려줄게"라는 말은 '내게 친절을 베푸는 걸까? 어쩌면 채용 가능성이 있을지도 몰라' 하고 생각하게 만듭니다. 단순한 친절이라고 생각했는데 알고 보니 성적인 흑심이 섞여 있었다, 그런 경험을 한 사람이 바로 자신의 성희롱 경험을 책(『블랙박스』 미메시스, 2018)으로 쓴 이토 시오리** 씨입니다. 일대일로 만난 것이 잘못이라고 말하는 사람도 있습니다. 하지만 먼저 손을 내민 아재가 나쁜 게 당연하지 않나요? 이때 '개인적으로 만나자는 말을 들은 건 역시 나쁜가? 내가 그렇게 매력적인가?'라고 착각해서는 안 됩니다. 지금까지의 성희롱 가해자 연구를 통해 그들

** 이토 시오리는 일본 미투(#MeToo)의 상징적인 인물이다. 프리랜서 저널리스트인 그는 자신을 성폭행한 기자 야마구치 노리유키를 상대로 손해배상을 청구했고, 1심에 이어 2022년 1월 항소심(2심)에서 승소했다. 도쿄고등재판소는 야마구치에게 이토 시오리에게 332만 엔을 배상하라고 명령했다. 재판 과정은 성폭력 피해자에게 결코 유리하지 않았다. 일본 사회가 피해자 인권에 둔감한 편이었고, 가해자가 당시 총리였던 아베 신조와 가까운 사이였다는 점도 배경이 되었다. 현재까지도 이토 시오리에 대한 공격은 계속되고 있다. 그녀는 자신을 비방하는 일러스트를 그려 공개한 만화가에 민사소송을 제기하여 승소한 바 있고, 이 게시물을 공유한 남성 2명도 명예훼손으로 처벌받았다. 한편 「타임」지는 2020년 '세계에서 가장 영향력 있는 100인'에 선정했다.

은 상습범이라는 것이 밝혀졌으니까요.

그럼 어떻게 해야 할까요? 대학의 취업지원센터나 상담창구, 지방의 노동청, 또는 개인도 참가할 수 있는 지역조합 등에 문의하세요. 행정지도가 개입될 수도 있습니다. 기업명을 공표하면 그 회사의 평판이 떨어지는 효과도 있습니다. 다만 증거가 필요하기 때문에 면접 때 몰래 녹음하거나 노트에 자세히 기록하고, 비슷한 성희롱을 당한 다른 여성의 증언을 모아야 합니다. 이런 일을 혼자 하는 것은 매우 힘듭니다. 그래서 1980년부터는 와세다대학 여학생들이 면접 성희롱 사례를 모아 『우리의 취직 수첩私たちの就職手帖』을 출간한 적도 있습니다. 2019년에는 대학연합체가 긴급 성명을 내고 취업 활동 중의 성희롱을 억제해 달라고 호소했습니다.

하지만 이런 부당한 성희롱 문제를 여학생들에게만 맡겨 두는 건 말이 안돼요. 어른 세계의 부당 행위는 어른이 책임을 지고 대처해야 합니다. 그러기 위해서도 어떤 일이 있었는지를 명확하게 할 필요가 있습니다. 그런 일을 하면 제보자가 누군지 알려지는 게 아닌가, 채용 가능성은 사라지는 게 아닌가 걱정이 되나요? 성희롱을 참고서라도 그 회사에 들어가고 싶나요? 그렇게 입사한 회사에서 성희롱 면접자가 상사가 될지도 모릅니다. 그러면 도망갈 곳도 숨을 곳도 없어요. 면접 때 성희롱을 하는 면접자가 있는데 주변 동료가 전혀 말리지 않는 회사라면, 그 회사는 성희롱이 만연해 있다고 할 수 있습니다. 면접 시점에 빨리 알게 된 것이 다행일지도 몰라요.

유명한 기업이고 월급도 많이 준다고요? 그런 기업일수록 아재 체질이라는 것을 기억하세요. 이름과 돈에 이끌려 참기 힘든 것을 참고, 견디기 힘든 것을 견디겠습니까? 그것은 여러분의 건강과 미용을 해칩니다. 회사를 다녀 본 여성이 이런 말을 했습니다. 싫어하는 상사의 시중을 드는 것만큼 인생에서 고통스런 일은 없다고요. 면접은 회사에게 선택을 당하는 일방적인 관계가 아니라, 구직자가 회사를 판단할 수 있는 기회입니다. '아아~ 이 회사는 이런 곳이구나' 하고 냉정하게 관찰할 기회라고 생각해 보면 어떨까요? 그렇게 언니에게 전해 주세요.

성차별은 계속된다

언니는 "취직하기 전까지는
성차별 따위 없다고 생각했어"라고 합니다.
그 말을 듣고 정말 놀랐어요.
저도 그런 건 이미
사라졌다고 생각했거든요.
어떻게 하면 여성차별을
없앨 수 있을까요?

앞 질문의 답변을 읽어 봤나요? 성희롱은 여성차별의 하나이고, 취업을 준비할 때부터 이미 성차별이 시작되고 있으니 회사에 들어가면 얼마나 많은 차별이 있을지 이제 알겠죠?

그동안 눈치를 채지 못한 이유는 계속 학교에만 있었기 때문일 거예요. 학교는 겉으로 봐서는 남녀가 평등한 사회입니다. 남녀가 따로 시험을 보는 것도 아니고, 성적 경쟁 또한 남녀가 평등하니까요. 하지만 정말로 학교가 평등하다고 생각했어요? 교장선생님은 남자예요, 여자예요? 교감선생님은요? 초등학교 선생님은 압도적으로 여자가 많은데, 중학교 고등학교로 올라갈수록 여자 선생님이 줄어들지는 않았나요? 학생회장은 주로 남자가 하지 않았나요? 아니면 계속 여학교만 다녔어요?

집은 또 어떤가요? 엄마와 아빠는 대등한가요? 엄마는 아빠만큼 돈을 버나요? 아빠는 엄마만큼 가사와 육아를 하나요? 친척 아줌마나 아저씨들은 어때요? 친구네 엄마와 아빠의 관계는요?

조금만 주위를 둘러보면 현실 속에 얼마나 많은 성차별이 쌓여 있는지 알 수 있습니다. 지금까지 나온 질문들만 봐도 성차별 투성이잖아요. 그러니 앞으로 취직할 회사에 여성차별이 없을 거라고는 생각할 수 없을 거예요. 이제 와서 '놀랄' 일은 아니라는 말이에요.

하지만 실제로 직면할 때까지는 모른다는 것이 인간의 한계입니다. 언니는 지금 회사 내의 성차별이라는 현실에 직면하고 쇼크를 받았나 봐요. 위를 올려 봐도 여성 상사가 한 명도 없고, 있다고 해도 이를 악물고 버티고 있는 모습이 하나도 부럽지 않겠죠. 회식 때는 일상처럼 성희롱을 당하고, 주변 사람들도 못 본 척 그저 웃기만 할 뿐이니 이 회사를 계속 다녀도 여자인 자신에게 과연 괜찮은 미래가 있을지 알 수 없을 거예요.

그 회사가 좋은 회사인지 아닌지를 판단하는 방법이 있습니다. 그 회사에 10년, 20년, 30년을 다니고 있는 여성이 있는지, 그 여성이 어떤 방식으로 일을 하는지, 그 사람이 10년 후, 20년 후, 30년 후에는 자신도 그렇게 되고 싶은 롤모델인지 아닌지를 보면 됩니다. 사실은 취준생일 때부터 그 점을 중점적으로 봤어야 합니다. 요즘은 회사 방문이 가능하니 선배 여사원에게 물어보면 됩니다. 취업을 준비할 때는 꼭 그 점을 알아보세요.

어떻게 해야 성차별을 없앨 수 있냐고요?

음, 참 어려운 문제네요. 갑자기는 무리예요. 옛날에는 기업이 애초에 여성을 고용하지 않았고, 고용을 한들 남사원을 보조하는 업무밖에 주지 않았습니다. 결혼을 하면 퇴직하거나 30세가 되면 자진 퇴사하는 제도도 있었습니다. 이렇게 가혹한 시대가 오래 계속됐지만, 지금은 여자도 정규직으로 채용하고 여사원이 커피를 타는 일도 사라졌습니다. 조금씩이지만 바뀌어 왔습니다. 모두 여성들이 싸워 온 덕분이에요. 항의를 하고, 소송을 걸고, 동료와 함께 운동을 일으키고, 법률을 만들어 아재의 의식을 바꿔 왔습니다.

여러분에게 가능한 방법은 두 가지가 있습니다.

하나는 현실을 제대로 보고 가능한 한 성차별이 적은 회사나 직업을 선택하는 것입니다. 기업 중에도 성차별 투성이인 회사와 그렇지 않은 회사가 있습니다. 비교적 성차별이 적고 여성이 일하기 좋은 회사도 있으니까 찾아보세요.

비교적 차별이 적은 전문직을 선택하는 방법도 있습니다. 예를 들어 공무원이나 학교 선생님이라면 급여 차별은 없습니다. 승진 차별은 있지만요. 승진을 위해서는 자격증이나 학력이 필요하니 지금 조사해 두면 좋습니다.

또 한 가지 방법은 들어간 곳에서 조금씩 그곳을 바꿔 가는 것입니다. 이건 분명 힘든 일이지만 선배 여자들은 그렇게 조금씩 회사와 세상을 바꿔 왔습니다. 혼자라면 어려워도 동료가 있으면 힘이 됩니다. 차 심부름도 그래요. "왜 여자만 이런 일을 해야 되나요?" "급탕기를 들여서 각자 스스로 하면 되잖아요"라고 제안하면서 조금씩 바꿔 온 것입니다. '싸우는 여자'라니 매우 힘들어 보이지만, 실제로 싸워 온 여자들은 "아, 정말 즐거웠어"라고 말합니다. 자신의 힘으로 세상을 조금씩 바꾼다는 건 보람 있고 즐거운 일이니까요.

앗, 한 가지가 더 있었네요. 회사에 들어간다는 생각을 하지 않는 것! 바로 이거예요. 타인에게 이용된다는 것은 자신이 아닌 다른 누군가의 말을 들어야 한다는 뜻입니다. 그 '누군가'가 성희롱 상사라면 더욱 최악이죠. 스스로 창업을 하거나 프리랜서로 살아가는 방법도 있습니다. 그러기 위해서는 실력과 기술이 필요합니다. 그런 능력을 어디서 배워야 할지 지금부터 생각해 보세요.

언니의 경험 덕분에 여러분에게는 준비할 기간이 생겨서 다행입니다.

정규직과 비정규직이라는 차이

엄마가 다니는 회사에서는
비정규직과 정규직이 같은 일을 하는데도
월급은 몇 배나 차이가 난다고 합니다.
하는 일은 다를 게 없는데
왜 이렇게 큰 격차가 있는 걸까요?

그러게요. 언젠가부터 회사에 비정규직이 늘어났습니다. 애초에 '정사원'이란 말 자체가 이상해요. 마치 '비非정사원'이 있는 것 같잖아요. 옛날에는 '사원'과 '아르바이트' 정도로 나누었는데, '사원'과 다를 바 없는 '비非사원'이 늘어나는 바람에 굳이 '정사원'이라 부르게 되었습니다.

이것을 '정규고용'과 '비정규고용'이라 부르기도 합니다. 정규고용이란 노동기준법을 바탕으로 회사와 고용계약을 맺고 법정근로시간에 대해 일정 급여와 사회보험을 회사로부터 제공받는 노동자를 말합니다. 비정규는 그 외에 파트타임 노동자, 계약사원, 파견사원, 아르바이트 등 여러 형태가 있습니다.

요즘 직장에서는 모두 비슷하게 책상 앞에 앉아 일을 하고 있으니 일일이 정사원이냐고 묻지 않고서는 구분할 수가 없습니다. 일의 내용도 거의 비슷한데 임금은 크게 차이가 납니다. 비정규사원이 정사원보다 일을 잘해도 마찬가지입니다. 정사원 중에는 일부러 비정규사원에게는 책임이 발생하는 일을 시키지 않으며 확실히 선을 긋는 곳도 있습니다. 반대로 비정규사원에게 책임과 부담이 무거운 일을 맡기면서 대우와 월급은 여전히 적은 곳도 있습니다.

왜냐고요? 답은 간단합니다. 인건비를 줄이기 위해서죠.

사원을 고용하면 급여 이외에 보너스나 사회보험료도 회사가 부담해야 합니다. 매달 일정액의 비용이 발생하는 거죠. 그런데 경기는 변동하기 때문에 성수기와 불경기가 있습니다. 그래서 고용과 해고가 자유로운 단기계약 비정규사원을 늘린 것입니다.

언제부터 이렇게 된 걸까요?• 일본의 경기가 얼어붙은 1990년대 무렵, 정사원은 쉽게 자를 수 없으니 신입사원 고용을 신중히 하는 대신, 그 자리에 저렴하게 쓰다가 버릴 수 있는 비정규고용을 도입하자고 한 사람들이 있습니다. 바로 경

• 우리나라에서 비정규직 고용 형태가 본격적으로 도입된 것은 1998년 IMF 외환위기 직후였다. 저자가 말한 바와 같이 비정규직의 형태는 '한시적'이라는 것 외에 구체적으로 정해지지 않았다. 단 2002년 노사정위원회가 열려 비정규직을 한시적 혹은 기간제 근로자, 시간제 근로자, 비전형 근로자라고 정의한 바 있다. 비정규직 근로자는 정년을 보장받지 못하며, 정규직과 같은 일을 하면서도 급여는 50~70퍼센트 정도 받는다. 또한 정규직이 제공받는 복지를 받지 못한다. 큰 문제 중 하나는 계약을 연장하는 조건으로 부당한 요구를 받았을 때 사실상 거부하기 어려운 탓에 노동자들이 인권을 존중받기 어렵다는 것이다. 일각에서는 고용 안정성이 낮으므로 동일한 직무를 수행한다면 임금은 더 높아야 한다고 주장한다. 실제로 오스트레일리아에서는 임시직이 같은 일을 하는 정규직보다 25퍼센트 임금을 더 받게 되어 있다. 2021년 8월 통계청의 「경제활동 인구조사」에 따르면 전체 임금 근로자 중 비정규직 근로자는 38.4퍼센트로, 꾸준히 증가 추세에 있다. 비정규직은 노동 시장 변화로 인해 사라지기는 어렵다는 것이 전문가들의 진단이다. 비정규직과 정규직 사이의 격차를 해소하는 것은 우리 사회의 큰 과제다.

영자 아재들이죠. 본격적으로 시작된 건 1985년에 성립된 노동자 파견사업법(현재 정식 명칭은 '노동자파견사업의 적정한 운영 확보 및 파견노동자 보호 등에 관한 법률')입니다. 같은 해에 남녀 고용기회균등법도 생겼으니 이 해부터 고용규제가 완화되기 시작된 거네요. 하지만 그때까지는 일본 경기가 좋았어요. 얼어붙은 것은 1991년에 거품이 터지면서부터죠. 본격적으로 비정규직이 늘어난 것은 더 나중의 일입니다.

비정규직은 압도적으로 여성이 많습니다(직종에 따라 다르긴 하지만).[*] 2019년의 총무성 노동조사에 따르면, 전체 노동자 중 비정규 노동자는 38.3퍼센트, 비정규 노동자 중 68.1퍼센트가 여성이고, 여성 노동자 중에는 56.0퍼센트, 무려 10명 중 6명이 비정규직입니다. 비정규직 남성이 많은 곳은 제조업과 자동차 산업 등이고요. 불경기가 찾아오면 계약이 끝난 남성이 거주지를 잃고 파견촌에 모여드는 풍경을 흔히 볼 수 있었습니다. 불경기에 가장 먼저 잘리는 것은 남성이든 여성이든 비정규직이지만, 여성이 길거리에 있는 것은 너무 위험하기

---

* 우리나라 임금근로자 중 비정규직 근로자는 여성은 47.4퍼센트, 남성은 31퍼센트로 나타났다. 출처: 통계청(2021)

때문에 가정폭력을 당해도 집 밖으로 나갈 수가 없었을 거예요. 게다가 여성은 해고를 당해도 남편 집이나 부모 집으로 돌아갈 수 있기 때문에 해고하기 쉽고 불만도 없을 거라고 생각하는 듯합니다. 일본의 제조업 비정규직에는 일본계 브라질인이 많았습니다. 이 사람들은 계약이 끝나면 브라질로 돌아가야 했습니다. 경기가 나빠지면 여성과 외국인 등 주로 약자들에게 그 여파가 미칩니다.

파견사원이 맺는 계약은 기한이 있습니다.** 최근에는 3개월이나 6개월 등 단기 계약이 늘어났습니다. 갱신해 준다는 보장도 없습니다. 임신 사실을 전하면 계약이 끊깁니다. 물론 절대로 임신 때문이라고는 하지 않지만, 계약기간 만료라는 말을 들어도 뭐라 할 말이 없습니다. 사실상 임신출산을 이

** 고용안정성이 낮은 비정규직을 보호하기 위해 2007년 우리나라 정부는 기간제 및 단시간 근로자 보호 등에 관한 법을 시행했다. 이로써 근로자를 2년 이상 사용했다면 정규직으로 전환하도록 했다. 그러나 이 법이 임금 격차를 직접적으로 줄이도록 할 수는 없고, 계약 기간을 쪼갬으로써 악용하는 사례도 있어서 보완이 시급하다. 2021년 구인구직 플랫폼 사람인이 407개 기업을 대상으로 조사한 결과, 비정규직을 고용하고 있는 기업 196개사 중 64.3퍼센트가 비정규직을 정규직으로 전환했거나 전환할 계획이 있다고 밝혔다. 2019년 대비 6.9퍼센트 낮아진 수치다. 같은 조사 결과 비정규직 중 정규직 전환자 비율은 평균 40.9퍼센트로 집계되었다. 출처: "코로나19 자기화로 비정규직 '정규진 전환' 2년 연속 감소" 〈중앙일보〉 2021. 11. 1

유로 한 차별이어도 차별이라고 말할 수 없습니다. 참 교묘하죠. 만약에 파견사원이 유능하여 회사에서 계속 나와 주길 바란다고 칩시다. 2015년에 파견사업법이 개정되어 3년 근속한 파견노동자는 본인이 희망할 경우 정사원으로 전환된다는 규정이 생겼습니다. 잘된 일이라고 생각하죠? 그런데 이 개정(사실은 '개악'이지만)에 반대하는 여성단체가 많았습니다. 왜냐고요? 이런 규정을 만들면 많은 경영자가 계약을 3년 단위로 끊을 테니, 같은 직장에서 3년 이상 일할 수 없게 될 거라고 예상했기 때문입니다. 그리고 역시 예상한 그대로였어요. 그 전까지는 5년이나 10년씩 같은 직장에서 경험을 쌓으며 일에도 익숙해지고 좋은 대접을 받던 사람들이 계약 갱신을 할 수 없게 되었습니다. 그 대신 3년마다 계약사원이 바뀌게 되었습니다. 이건 회사에게도 손실 아닌가요? 맞아요. 큰 손해입니다. 그래도 베테랑 파견사원을 정사원으로 바꾸는 비용보다 파견사원을 돌려쓰는 것이 훨씬 저렴하기 때문에, 기업은 불편을 감수하더라도 3년마다 계약을 끝내는 것입니다. 그렇게까지 인건비를 아끼고 싶냐고요? 그렇습니다. 일본 기업은 불황으로 인해 여유를 완전히 잃었습니다.

3년마다 직장을 바꾸는 사이에 점점 나이를 먹습니다. 젊었을 때는 금세 다음 회사를 찾을 수 있지만, 나이를 먹을수록 다음 회사를 찾기가 어려워집니다. 파견사원의 일은 보통 보조업무가 많아서 나이를 먹은 사람에게는 시키기가 불편하다고 생각하기 때문이겠죠. 회사는 젊은 여성을 환영하는 경향이 있습니다.

1985년의 파견사업법 성립은 그동안의 여성 노동자 투쟁을 맥 빠지게 만들었습니다. 노동기준법에는 여성 노동자를 임신이나 출산을 이유로 해고해서는 안 된다고 쓰여 있습니다. 여사원은 결혼퇴직제나 30세 여자 정년제(믿어지나요?)를 도입한 회사를 상대로 재판에서 싸워 이겼습니다. 그런데 '계약기간 만료, 갱신 없음'이 가능해지면서 사실상 임신으로 인한 해고, 30세 정년제도 경영자 마음대로 할 수 있게 된 거예요. 균등법이 있다고 해도 파견직과는 무관한 이야기였죠.

저의 제자들은 도쿄대를 졸업한 여성입니다. 대부분이 종합직●으로 일하고 있습니다. 취직한 졸업생이 찾아오면 저는 "요즘 회사에서 커피 심부름 하니?"라고 물어봅니다.

● 일본 기업에는 종합직과 일반직이 있다. 종합직은 주요 업무를 맡으며 승진에 제한이 없다. 일반직은 종합직을 보조하는 역할을 하고 승진에 제한이 있다.

그럼 하나같이 '언제 이야기를 하는 거예요?'라는 표정으로 "설마요. 급탕기가 들어오고 나서는 모두 셀프예요"라고 합니다. 그럼 저는 "그렇게 된 게 누구 덕분이라고 생각하니?"라고 말하고 싶은 기분을 참을 수가 없어요. 균등법이 시행된 직후 신입직원을 받은 회사에서는 종합직 여자를 여사원이 하는 차 심부름 담당 순번표에 넣을지 말지 논의했었다고 합니다. 지금은 그냥 농담처럼 들리는 에피소드죠. 인건비가 비싼 종합직 여자에게 그런 쓸데없는 일은 시킬 수 없다, 아니다, 종합직 여자도 같은 취급을 하지 않으면 여사원들 사이에서 튀기 때문에 불쌍하다 같은 의견이 나왔을 겁니다. 휴. 결국에는 종합직 여자가 차 심부름을 하지 않게 된 덕분에 파견직 여성은 오로지 '차 심부름과 복사' 업무만 하게 되는 양극화 현상이 균등법이 생긴 이래 약 30년간 일어나게 되었습니다.

질문자의 엄마가 다니는 직장도 그런 직장입니다. 지금은 어디든 비정규직이 섞여 있는 게 당연하기 때문에 엄마의 직장이 특이한 것도 아닙니다. 엄마는 정사원이라 다행이네요. 하지만 엄마는 비정규직도 '동료'라고 생각하니까 분개한 거겠죠. 그것도 참 미묘한 문제에요. 금세 바뀌는 파견사원을 정말 동료라고 생각할 수 있을지, 성수기에 정사원은 야근을 하는데 이에 아랑곳하지 않고 정시에 퇴근하는 파견사원을 어떤 마음으로 바라보고 있을지, 점심시간에는 파견사원에게도 같이 밥 먹으러 나가자고 하는지, 모두가 비싼 프랑스 식당의 점심 메뉴를 먹어 보겠다고 나설 때 지갑 사정이 다른 파견사원을 부르는 게 부담되지는 않을지.

파견사원은 파견회사 사원이라서 소속 회사가 다릅니다. 회사에는 파트타임이나 계약사원 등 다양한 비정규 사원이 있습니다. 그런데 노동조합은 비정규 노동자를 조합에 넣어 주려고 하지 않습니다. 그들을 '동료'로 생각하지 않는다는 가장 큰 증거죠. 회사도 조합도 정사원만의 것이라고 생각하기 때문입니다. 그런데도 직장은 자꾸 정규와 비정규를 섞고 있습니다. 비정규고용의 증가는 직장 내 분단도 가속화시켰습니다. 정말 곤란하기 짝이 없습니다.

비정규직을 원하는 사람도 있지만 어쩔 수 없이 하는 사람도 있습니다. 모두에게는 각자의 사정이 있습니다. 어린이집에 아이를 데리러 가야하기 때문에 어떻게든 정시에 집에 가야 하는 사람, 부모 간병 때문에 일주일에 3일만 일할 수 있는 사람, 야근을 할 수 없는 사람 등 다양합니다. 고용주와 법정근로시간 계약을 맺은 사람만 정규직, 나머지는 모두 비정규로 만드는 것도 이상하고, 애초에 하루에 8시간, 일주일에 40시간 노동이라는 것도 이상합니다. 이런 건 누가 정한 걸까요? 그 전에는 하루 10시간이나 14시간 노동(집에 가면 녹초가 되어 쓰러졌겠죠), 일주일 48시간 노동(즉 주6일제)의 시대도 있었으니, 지금의 법정근로시간이라는 것은 사실 사용자와 노동자간의 역사적 교섭의 성과입니다. 노동자의 힘으로 어렵게 여기까지 온 거죠. 그런데 이 법정근로시간만큼 일할 수 없다는 이유만으로 비정규직으로 쫓겨나는 거예요. 비정규고용 중에는 파트타임 노동자가 있는데, 단시간 노동자라고 하면서 정규직과 동일하게 일하는 '풀타임 파트(말 자체가 모순이네요)'라는 것도 있습니다.

비정규직 임금이 싼 것은 비정규라서가 아닙니다. 임금을 줄이기 위해 비정규라는 고용 형태를 만든 것입니다. 파트타임 노동은 여성이 원해서 생긴 게 아니에요. 여성을 대상으로 기업이 발명한 것입니다. 재계와 정계의 아재들은 서로 공모하고 있습니다. 아재들의 나쁜 지혜는 끝이 없습니다.

그럼 어떻게 해야 할까요? 그 해답이 있습니다. 비정규직이 나쁜 게 아닙니다. 일하는 시간을 자유롭게 선택할 수 있는 것은 그럴 수 없는 것보다 훨씬 낫습니다. 문제는 그것이 차별의 구실로 이용되고 있는 거예요. 이 문제를 해결하려면 동일노동 동일임금 제도가 필요합니다. 유럽은 이미 도입하고 있어요. 같은 일을 하고 있다면 하루 5시간 일하는 사람에게는 8분의 5, 일주일에 3일 일하는 사람에게는 5분의 3을 지불하면 됩니다. 이런 방식을 단시간 정사원이라고 합니다. 고용이 보장되지 않는 비정규직에게는 정사원보다 높은 임금을 지불해도 됩니다. 비정규직을 쓰면 득이라는 구조를 바꾸지 않는 한, 여성은 언제까지고 이용만 당할 뿐입니다. 이것을 바꾸려면? 아재에게 친절한 정치를 바꾸는 수밖에 없습니다!

페미니스트가 무서운 사람이라니!

저는 쭉 페미니스트란
무서운 사람이라고 생각해 왔어요.
하지만 우에노 선생님의 강연을 듣고
그렇지 않다는 것을 알게 되었습니다.
페미니즘이 지향하는 것은
무엇인가요?

우와, 기쁘네요. 제 강연을 들었다고요? 학교 선생님이 저를 불렀나 보죠? 종종 특이한 선생님이 있어서 저처럼 특이한 사람을 학교에 불러 줄 때가 있어요. 저는 10대를 상대로 이야기하는 걸 매우 좋아합니다. 10대는 올곧고 솔직해서 제가 전달하고 싶은 메시지가 똑바로 전달되니까요.

페미니스트는 '무서운 사람'(질문자가 사용한 단어니까 그대로 쓸게요)이라고 생각했다니, 왜 그런 생각을 했을까요? 주변에 '페미니스트'라고 자칭하는 사람이 있나요? 실제로 '페미니스트'라는 사람을 만나 보고 그런 생각을 했나요? 아니면 주변에서 "페미니스트? 윽, 무서워"라고 말하는 걸 듣거나 본 걸까요? 아마도 마지막 경우겠죠? 그리고 "윽, 무서워"라고 말한 건 남자겠죠? 제가 맞혔나요?

남성들은 페미니스트라고 하면 바로 '나를 혼낸다'라고 생각하나 봐요. 나쁜 짓을 하고 있다는 자각이 있다면 제대로 반성을 해주면 좋겠는데 말이죠. 치한이나 성희롱 가해자에게는 '무서운 사람'인 편이 좋을 테니까요. 하지만 여고생에게 '무서운 사람'일 필요는 없겠죠. 저는 '여자 편'이에요.☺ 여성에게는 친절하다는 말을 자주 듣습니다. 어차피 몸도 왜소하고, 위압적이지도 않고, 목소리도 부드럽고, 화도 안 내거든 요. 하지만 저를 적으로 만든다면 무서울 거예요. 차별이나 불공정은 용서하지 않으니까요.

아마도 여성 중에는 '무서운 사람'으로 보이기 싫은 사람이 있나 봅니다. 남자를 적으로 돌리고 싶지 않다면서 말이죠. 제가 꼭 남자를 적으로 생각하는 것도 아니에요. 적으로 삼아야 하는 남자도 있지만, 그렇지 않은 남자도 있으니까요. 한 명 한 명의 남성은 멋지지만, 남자를 우위 집단으로 만드는 성차별 시스템을 적이라고 생각할 뿐이에요. 남자를 적으로 두면 손해라고 생각하는 여성도 많은 것 같습니다. 하지만 남자들이 생각하는 '친절한 사람'이란 무슨 일에든 웃으며 이야기를 잘 들어 주는 '다루기 쉬운 사람' '이용하기 쉬운 사람'이에요. 그다지 기분 좋은 소리는 아니죠. 남성들이 '무서워하는' 저 같은 사람은 그 때문에 손해를 본 적은 없어요. 오히려 좋은 일 투성이죠. 싫은 남성은 저를 피해 주고, 제가 무슨 말을 하면 인정해 줘요. 여성은 조금 '무서운 사람'이라고 생각되는 정도가 딱 좋을지도 몰라요.

여자도 제각각, 페미니스트도 제각각이에요. 페미니스트는 자신이 페미니스트라고 밝혔을 테니까 누군가가 "나는 페미니스트"라고 하면 주변에서 뭐라 할 이유가 없어요. 그 사람은 진짜, 이 사람은 가짜라고 말할 필요도 없고요. 페미니스트도 백이면 백 다 다르거든요. 종종 이 사람은 페미니스트라는 말을 하지 않았으면 좋겠다 싶은 사람도 있긴 하지만요.☺ 여러 페미니스트를 만나 보세요. 정말 다양하다는 것을 알게 될 거예요.

그러니까 페미니스트란 어떤 사람이냐고 물어봐도, 페미니즘이란 어떤 사상을 말하는 거냐고 물어봐도, 다른 사람에 대해서는 말해 줄 수가 없어요. 저는 제가 생각하는 페미니즘이란 이런 것이다 정도로만 답할 수 있을 뿐이에요. 페미니즘의 기본 중의 기본은 여자다움/남자다움에 속박되고 싶지 않다, 자유롭게 살고 싶다는 것입니다. 이렇게 생각하는 사람은 모두 페미니스트라고 생각해도 좋아요. 강자는 언제든 자유롭게 행동할 수 있지만, '~다움'에 속박당하는 것은 약자 쪽이에요. 게다가 '남자다움'과 달리 '여자다움'은 소극적이고 자기주장이 강하지 않다는 뜻이기 때문에 여성이 압도적으로 손해를 봅니다. 그렇다고 남자처럼 되고 싶다는 건 아니에요. '남자다움'이란 지배자로서 행동하라는 속박이니까요. '여자도 지배자가 되고 싶다' 같은 게 아니에요. 여자는 오랜 기간 약자의 입장을 맛봤고 아이나 노인 등 약자를 돌봐 왔기 때문에 약자의 기분을 잘 알아요. 약자란 강자가 될 수 없으니까 약자인 거예요. "맞았으면 너도 똑같이 때려"라고들 하죠. 하지만 가정폭력을 당하는 아내가 남편에 저항한다면 더 힘들어질 뿐이에요. 2016년 가나가와 현 사가미하라 시의 한 장애인 시설에서는 장애인이 19명이나 살해당했습니다.● 왜 저항하지 않았냐고 하겠지만 그들은 몸을 자유롭게 쓸 수 없는 사람들이었어요. 약자라고 해서 차별받아도 되는 것은 분명 아닙니다. 그래서 저는 페미니즘이란 약자가 강자가 되고 싶다는 사상이 아니라, 약자가 약자인 채로 존중받기를 추구하는 사상이라고 말해 왔어요.

세상에는 다른 페미니즘을 주장하는 사람도 있습니다. 남자와 똑같은 일을 하고 싶다, 전쟁에도 나가고 싶다는 페미니스트도 있는데 저는 찬성할 수 없어요. 페미니즘은 살아 움직이는 사상이에요. 여자도 군대에 들어가야 한다 아니다, 여

● 범인은 자신이 일하다 해고된 지적장애인 복지시설에 침입하여 살인을 저질렀다. 스스로 경찰서를 찾아가 자수했지만 그 후에도 "중증장애인은 살아 있어도 가망이 없다" "의사소통할 수 없는 장애인은 안락사시켜야 한다"는 등 차별적인 발언을 반복했다. 그는 1심에서 사형을 언도받았다.

자도 남자처럼 과로사할 정도로 일을 해야 한다 아니다 등등으로 페미니스트 사이에서는 격론이 벌어지고 있습니다. 쉽게 결론을 낼 수 없어요. 세상은 복잡하기 때문에 페미니즘도 단순한 흑백논리로 답을 낼 수는 없습니다. 인간도 마찬가지입니다. '좋은 사람이냐 나쁜 사람이냐'는 간단히 말할 수 없어요. 저는 내 편에게는 '친절한 사람'으로, 적에게는 '무서운 사람'으로 살고 싶습니다.

여자는 출산 기계가 아니야

초저출산 고령화라는 말이 나온 지
오래인데, 이런 **사회문제를 해결하기 위해
여성이 할 수 있는 일**은 뭘까요?
학교에서 불임에 대한 책자를 받았는데
'아이를 낳는 기계가 되라는 건가?'라는
생각이 들었습니다.

여자는 할 수 있고 남자는 할 수 없는 유일한 일, 그것은 바로 임신과 출산입니다. 그러니까 여성이 사회에 공헌하는 방법은 '애낳는 기계'가 되는 거냐고요?

여러분은 '사회문제를 해결'하기 위해 아이를 낳을 건가요? 여러분의 엄마와 아빠는 '초저출산 고령화'라는 과제를 해결하기 위해 여러분을 낳았나요?

제가 아는 한 국가와 사회를 위해 아이를 낳는 남녀는 없습니다. 여자도 남자도 자신의 인생을 생각해서, 자신을 위해 아이를 낳기로 결심하거나, 낳지 않기로 결심합니다. 아이를 언제 낳을지, 몇 명을 낳을지는 개인의 자유입니다. 낳지 않는 사람에게는 낳지 않는 사람의 사정이 있고, 한 명만 낳은 사람에게도 나름의 사정이 있습니다. 아무리 부모라도 이에 개입하는 것은 쓸데없는 참견입니다. 하물며 주변 사람이나 세간, 국가로부터 이러쿵저러쿵 말을 들을 까닭은 없습니다.

흔히 '초저출산 고령화'라는 말을 하는데 아이가 줄어들면 곤란한 것은 누구일까요? 좀 더 많이 아이를 낳아 주기를 원하는 것은 누구일까요? 아이가 줄어서 곤란한 것은 정부와 경제계입니다. 그들은 개인을 머릿수, 즉 인구로 헤아립니다. 인구가 줄면 경제 규모가 축소됩니다. 경제 규모가 축소하면

GDP가 감소합니다. GDP가 감소하면 일본은 더 이상 대국이 아니게 되고(현재 일본은 세계 3위의 GDP 대국입니다), 소국으로 추락합니다. 아재들은 분명 그게 싫은 거예요.

'애 낳는 기계'란 말은 2007년 당시 후생노동성 장관이었던 야나기사와 하쿠오라는 아재가 했던 말입니다. 자민당 집회에서 한 말이라고 하니, 아마도 집안 모임이라고 방심해서 속내가 그냥 나와 버린 거겠죠. 위에서 깔보는 듯한 태도에다가 임신, 출산, 육아를 하는 여성에 대한 배려는 조금도 없습니다. 아재들이 여성을 그저 인구를 재생산하는 자원으로만 생각하고 있다는 사실을 잘 알 수 있죠.* 그 아재들을 위해 여러분이 '애 낳는 기계'가 되어 줄 필요는 전혀 없습니다.

혹시 '합계 출산율'이란 말을 들어봤나요? 한 명의 여성이 평생 낳는 아이의 평균수를 보여 주는 지표입니다. 전쟁 전에는 평생 동안 평균 5명의 아이를 낳던 여성이 전후에는 2명, 현재는 1.4명을 낳습니다.** 그리고 여성과 남성 모두 결혼이

• 2016년 우리나라 행정자치부가 '대한민국 출산지도'라는 것을 공개한 바 있다. 여기엔 지역별 가임 여성 수를 발표하고 순위를 매겼다. 비판이 거세자 바로 해당 자료를 내렸지만 이에 대해 공식적인 사과를 하지는 않았다. 여성을 '애 낳는 기계' 취급하는 정부는 일본만이 아니었다.

늦어져 평균 초혼 연령은 여성이 약 29세, 남성이 30세입니다.•• 첫아이가 태어나는 것이 30대가 되고 나서라는 말이죠. 세상이 이렇게 바뀌어 가는 데에는 여러 가지 이유가 복잡하게 얽혀 있습니다. 인구 현상이란 출산연령의 남녀 한 명 한 명이 개별적으로 행동한 결과가 커다란 현상으로 나타난 것입니다. 예측할 수는 있지만 왜 그렇게 되었는지는 아무도 설명할 수 없습니다.

국가는 인구를 자원이라고 생각합니다. 인구라는 자원을 관리할 때는 질과 양의 측면이 있습니다. 많이 낳는 것뿐 아니라 건강하고 우수한 아이들을 낳았으면 좋겠다고 생각한다는 뜻이에요. 동물로서 인간에게는 아이를 낳아야 할 때라는 것이 있습니다. 예전이라면 30대 출산은 고령출산이라 각별한 주의가 필요했습니다. 임신 확률이 떨어질 뿐 아니라 아이와 산모 양쪽 모두 위험 요소가 높아지기 때문입니다.

•• 우리나라의 2020년 합계출산율은 0.84명이다. 1980년에는 2.82명, 1990년에는 1.57명, 2000년에는 1.48명이었다. 출처: 통계청

•• 2020년 우리나라 남성의 초혼 연령은 33.23세, 여성은 30.78세로 나타났다. 2000년에는 남성과 여성이 각각 29.28세, 26.49세에 초혼을 하는 것으로 집계되었다. 출처: 통계청

학교에서 받은 불임 정보 책자에 '낳고 싶다고 생각할 때 반드시 임신이 되는 건 아니다'라거나 '평생 난자의 수는 정해져 있고 일단 생긴 난자는 노화할 뿐'이라는 이야기는 안 나오나요? 그 책자를 배포한 사람은 젊고 건강한 난자로 빨리 임신출산을 해줬으면 좋겠다는 속내가 뻔히 보이네요. "10대에 아이를 낳으면 국가가 돌봐줄 거냐"라고 묻고 싶어져요.

내가 난자를 담은 그릇이냐, 자궁이 운반책이냐. 이렇게 화가 나는 게 당연합니다. 정말 웃기고들 있어요. 아이를 낳는다고 해도 육아휴직을 내기도, 어린이집에 보내기도 어려워요. 임신출산을 이유로 직장 내 괴롭힘을 당하기도 합니다. 이렇게 아이 낳기 어려운 사회를 만들어 놓고 아이를 낳으라니. 지금 그럴 상황이 아니잖아요. 여성들이 야유를 보낼 수밖에요.

그래도 정확한 지식을 알고 있는 것은 나쁠 게 없습니다. 요즘 사람들은 '아이를 만든다'고 하지만, 옛날 사람들은 '아이를 점지해 준다'고 했습니다. 아이는 원한다고 꼭 생기는 것도 아니고, 원하지 않을 때 생기기도 하니, 인간의 생사에는 인간의 지혜를 뛰어넘는 것이 있음을 잘 알고 있었기 때문입니다. 아직 낳을 준비가 되지 않았을 때 확실한 피임을 할 수 있게 된 것은 여성에게는 대단한 진보지만, 막상 낳기로 마음

먹었을 때 반드시 생각대로 된다고는 할 수 없습니다.

그럴 때에는 어떻게 하냐고요? 불임 치료가 있지만 시간과 돈이 드는 데다가 성공을 보장하지도 않아요. 게다가 심신은 피폐해집니다. 다른 여성이 대신 아이를 낳아 주는 대리출산도 있지만, 타인의 자궁을 빌리다니 그 여성의 인격을 존중하지 않는 행위입니다. 아이를 낳지 않는 인생도 있을 수 있죠. 키가 큰 사람, 작은 사람, 신체 능력이 매우 뛰어난 사람과 그렇지 않은 사람이 있는 것처럼, 아이를 스스로 선택할 수 없는 인생의 일부로 생각하고 평온하게 받아들이는 게 좋습니다. 아이를 낳는 것과 부모가 되는 것은 다릅니다. 그래도 어떻게든 부모가 되고 싶다면 입양을 하는 방법도 있습니다.

결혼은 해도 되고 하지 않아도 됩니다. 동성을 사랑해도 되고 이성을 사랑해도 됩니다. 섹스는 해도 되고 하지 않아도 됩니다. 아이를 낳아도 되고 낳지 않아도 됩니다. 부모가 되어도 좋고 되지 않아도 좋습니다. 이혼하고 싶다면 하고, 일을 계속하고 싶다면 계속하면 됩니다. 각자의 선택에 대해 아무도 뭐라 하지 않고(하물며 국가의 개입은 더더욱 없어야 하고), 누구나 자유롭게 선택할 수 있는 세상이 되면 좋겠습니다. 그런 세상을 만들기 위해 여러분이 할 수 있는 일도 있습니다.

여자의 자리가 늘어날 때 생기는 일

세계경제포럼이 발표하는 성 격차지수에 따르면, 일본은 매년 하락하여 153개국 중 121위(2019년 12월)라고 합니다.

그 지표에는 정치가의 수, 여성 관리직 비율 등이 나옵니다. 정부는 2020년까지 (이미 지났지만) 사회의 각 분야에서 여성 리더가 차지하는 비율을 **30퍼센트로 만들겠다는 목표**를 제시했다고 선생님이 알려주셨습니다. 어느 분야든 여성 수가 절반이 되면 좋은 걸까요? 여성을 늘리는 것은 도대체 무엇을 위한 건가요? **여성이 늘어나면 뭐가 좋은 걸까요?**

세계 남녀평등 순위*는 충격적이었죠. 2016년에 111위, 2017년에 114위(세계 144개국 중), 2018년에 110위(149개국 중)로 조금 나아지긴 했지만, 2019년에는 121위로 다시 하락하기 시작했습니다. GDP 세계 3위의 나라치고는 너무 심하죠. 한마디로 일본은 나라는 부유한데, 매우 불공평하고 여자가 심한 차별을 받는 나라라는 뜻이겠죠. 종종 일본의 여자는 충분히 강해졌으니 더 이상 강해지면 안 된다는 아재가 있는데, 그런 패거리에게는 "이 숫자가 눈에 안 들어오냐"라고 들이밀어 줍시다.

매년 순위가 내려가는 건 왜일까요? 상황이 점점 나빠지고 있는 걸까요? 그런 건 아닙니다. 일본은 너무 변화가 없어

- 2020년 발표 기준으로 세계경제포럼이 153개국을 대상으로 성 격차지수 순위를 매긴 결과는 오른쪽과 같다.
  지수 1은 완전 평등을, 0은 완전 불평등을 의미한다. 다만 이 지수는 어느 분야를 어떻게 집계하느냐에 따라 순위에 큰 차이가 생길 수 있음을 감안해야 한다. 성 격차지수는 경제활동 참가율, 문해율, 출생성비 등을 지표로 이용한다. 남녀 격차를 고려하기 때문에 모두 지수가 낮다 하더라도 상대적인 차이가 적으면 순위가 높게 나타날 수 있다.

153개국 대상 성 격차지수(GGI) 순위
*지수 1은 완전 평등, 0은 완전 불평등을 의미

순위	국가	지수
1위	아이슬란드	0.877
2위	노르웨이	0.842
3위	핀란드	0.832
4위	스웨덴	0.82
5위	니카라과	0.804
6위	뉴질랜드	0.799
7위	아일랜드	0.798
8위	스페인	0.795
9위	르완다	0.791
106위	중국	0.676
108위	**한국**	**0.672**
121위	일본	0.652

서 그래요. 다른 나라들은 남녀평등을 위해 열심히 노력하고 있는 반면, 일본은 그대로이기 때문에 점점 더 뒤쳐지고 있는 겁니다. 여성 정치가도 늘지 않고, 늘어났다는 여자의 진학률도 여전히 차이가 나고, 유엔으로부터 부부별성 선택제를 도입하라는 권고를 받은 지 오래지만 아직도 실현하지 못하고 있습니다. 너희들 정말 농땡이를 부리고 있다, 여성차별철폐조약을 비준했다고 해서 거기에 안주하고 아무것도 안하고 있으면 안 된다고 유엔이 지적을 할 정도입니다. 왜 여성 정치가가 늘어나지 않는가, 왜 여자의 진학률이 남자보다 낮은가, 왜 부부별성제로 가지 않는가는 지금까지 나왔던 질문의 답변으로 이해가 됐을 거예요.

통계는 중요합니다. 객관적 증거가 되니까요. 하지만 통계에는 애당초 측정이 가능한 수치만 반영됩니다. 그중에서도 가장 알기 쉬운 것이 각 분야 리더 중 여성이 차지하는 비율입니다. 30퍼센트라는 말을 들었을 때 처음 든 생각은 '왜 50이 아니지?'였습니다. 30퍼센트라니, 미적지근합니다. 여자는 인구의 절반이니까 모든 분야에서 여성 리더가 절반인 게 당연하지 않나요? 이런 말을 해봤자 30퍼센트조차 달성이 어려운 게 현실이지만요. 2020년이 되어 무리라는 것을 깨달은 정부는 목표 달성을 10년 후로 미뤘습니다. 10년 후라면 50이 되길 바랍니다. 그렇게 오래 기다려야 한다는 것도 싫지만요.

이런 정책을 정부는 '남녀공동참여'라고 부르고 있습니다. '모든 분야에 남녀가 참여한다'는 의미라네요. 영어로는 뭐냐고요? 흠, 'Equal Participation in……' 정도려나요? 애매하다 싶어 찾아보니 공식 번역은 'Gender Equality' 였습니다. 뭐야, Gender Equality를 다시 일본어로 번역하면 딱 '남녀평등'인데요. '남녀평등'이라면 이미 오랫동안 쓰이고 있는 말이고, 세계적으로도 통용되는 단어입니다. 그냥 남녀평등이라고 하면 될 것을 왜 '남녀공동참여'라는, 그 전까지는 사전에도 없었던 요상한 말을 만든 걸까요. 이 말을 만든 것은 정부입니다. 즉 '남녀공동참여'는 일상에는 없는 행정 용어입니다. 이 말을 만든 이유는 당시 정권 여당의 아재들이 '남녀평등'이란 말을 너무 싫어했기 때문이라는 이야기를 들었습니다. '남녀공동참여'라고 하면 남자에게는 남자다운 참여, 여자에게는 여자다운 참여가 있다고 들리겠죠? 이건 '다르지만 평등 Different but Equal'하다는 '특성교육'과도 연결됩니다. 남녀 모두가 가정 수업을 듣는 것은 마지못해 받아들였지만, 사실 남자는 기술, 여자는 가정 수업으로 나눠 특성교육을 유지하고 싶었던 아재들의 속내를 보여 주는 말이라고 할 수 있겠네요. 그래서 저는 이 기분 나쁜 행정 용어는 쓰고 싶지 않습니다. 말은 매우 중요해요.

그런데 여자를 늘리려는 이유는 뭘까요? 여자를 늘리면 뭐가 좋을까요? 도쿄대의 여학생 비율이 20퍼센트면 왜 곤란할까요? 이과 여자를 늘려야 하는 이유는 뭘까요? 해외에 가면 '일본은 참 뒤쳐졌구나'라는 말을 듣는 게 부끄럽고 싫어서요?

도쿄대 교수들이 여학생을 늘리는 데 그다지 열심이지 않은 것은 여학생을 늘려서 무엇을 달성하려는 것인지, 학교 내에 합의가 없기 때문이라는 말을 들었습니다. 애초에 여자가 입학하려고 하지 않고, 들어와도 이과를 선택하지 않습니다. 어차피 선택은 본인 몫입니다. 여학생 특례로 입학하면 "너는 여학생 특례로 들어왔다며?"라고 졸업할 때까지 괴롭힘을 당합니다. 그래서 여자가 가장 적은 공학부에 여학생 특례를 만들려고 했을 때 가장 반대한 쪽이 공학부 여학생들이었습니다.

모든 분야에서 여성을 인구 비율만큼 늘리면, 그것으로 목표를 달성했다고 해도 좋은 걸까요? 여자가 늘어나면 무엇이 바뀔까요?

여자를 늘려서 무엇을 바꾸고 싶은가? 이건 아주 좋은 질문이에요.

남성은 여성과 고작 염색체 한 개가 다를 뿐인데, 태어난 이래 줄곧 다른 취급을 받고 다르게 키워집니다. 거의 다른 문화, 다른 인종이라고 말해도 될 정도로 사고방식과 감정도 다릅니다. 따라서 남녀가 결혼을 하면 그 어떤 결혼이나 국제결혼 같은 이異문화 접촉이 발생한다고 해도 과언이 아닙니다. 서로 다른 문화가 접촉하면 마찰이 일어나고, 마찰에는 소음이 발생합니다. 소음은 대부분 불쾌하죠. 애초에 아무 말 하지 않아도 '척하면 척' 마음이 통하는 상대와 있을 때 인간은 편안함을 느끼고, 일일이 자신의 기분을 설명하거나 상대의 말을 듣는 것은 귀찮고 번거롭습니다. 하지만 다른 문화와의 교섭 속에서 지금까지 몰랐던 새로운 지식이나 정보가 태어납니다. 그것을 정보 생산성이라고 합니다.

정보학에서 기본 중의 기본은 소음에서 정보가 발생한다는 것입니다. 그래서 소음이 없는 곳에서는 정보가 발생하지 않습니다. 소음은 시스템과 시스템 사이에서 발생합니다. 자신이라는 시스템, 가족이라는 시스템, 사회라는 시스템. 모든 시스템은 효과적으로 돌아가기 위해서 가능한 한 소음 발생을 억제하는 구조를 갖고 있습니다. 예를 들면, 걸을 때 오른쪽 발과 왼쪽 발 중 어느 쪽부터 먼저 내딛을까 일일이 생각하면 걸을 수가 없고, 오늘은 누가 저녁밥을 차릴 것인지 매일 논의해야 한다면 너무 번거롭고 시간도 많이 걸립니다. 아빠는 회사일, 엄마는 집안일이라는 성역할 분담도 '원래 그런 거야'라고 괜한 의문을 갖지 않게 하려는 가부장제라는 시스템입니다. '이상하네, 다른 집은 아빠도 요리를 하던데. 스웨덴에서는 대부분의 가정이 맞벌이던데'라고 생각한 순간에 이미 소음이 발생하는 거예요. 그러니 이 책에 질문을 보내 준 여러분은 정보 생산성이 높다고 할 수 있겠네요!

하나의 시스템 속에 안주하고 있으면 정보는 발생하지 않습니다. 시스템이란 정보를 축소하기 위해 존재하는 것이라고 말해도 좋을 정도예요.

지금까지 일본은 제조업 대국이었습니다. 성실하고 공손하고 우직하게 5시간을 일하면 5시간만큼의 제품이 만들어졌습니다. 일을 대강 하지 않았고 제품에 고장이 잘 나지 않아 전 세계로 팔려 나갔습니다. 그래서 성실하고 정직한, 남의 말을 잘 듣고 순종적인 인재가 요구되었습니다. 그것을 제조

생산성이라 불러 온 것이죠. 앞으로 필요한 것은 생산성 중에서도 정보 생산성입니다. 왜냐하면 세계가 지금까지와는 달리 예측이 불가능해졌기 때문입니다. 예측 불가능한 세계에서는 선례나 관행이 도움이 되지 않습니다. 본 적도 없는 현실을 마주해야 하고 해답이 없는 질문과 씨름해야 합니다.

이때 필요한 것이 복수의 시스템을 만나는 것, 여러 시스템에 발을 담그는 것, 다른 시스템을 적극적으로 받아들이는 것입니다. 외국어를 여러 개 구사한다거나 해외에서 살아 보는 것도 복수의 시스템에 접촉하는 것이지만, 직장과 가정을 왔다 갔다 하기만 해도 서로 다른 시스템을 접하는 셈입니다. 직장과 가정은 시스템이 매우 다르니까요. 요리를 하면서 아기 기저귀를 갈고 세탁기를 돌린다면, 이것만으로도 수퍼맨(우먼)입니다. 한 번에 한 가지 일에 몰두하는 집중력도 중요하지만, 동시에 여러 작업을 하는 멀티태스킹도 중요합니다. 가사와 육아를 전담하고 있는 여성은 남성보다 멀티태스킹에 능하다고 합니다. 게다가 직장은 그야말로 21세기의 하이테크 직장, IT 기기에도 능해야 하고 외국어 능력도 있어야 합니다. 반면 아기는 인류가 탄생한 200만 년 전과 거의 똑같습니다. 육아와 일, 하루에 200만 년 시차를 왔다 갔다 하다니,

워킹맘은 엄청난 격차 안에서 살고 있는 것입니다! 그러니까 남자도 가사와 육아에 참여하면 되는 데 말이죠.

이런 여성을 정치와 학문, 기업과 문화에 받아들이지 않는 것은 손해입니다. 서로 다른 시스템이 접촉하면 그때까지는 없었던 혁신이 일어나기 때문이에요. 자신과 다른 사람들을 배제하면 사회는 혁신의 기회를 잃게 됩니다. 그중에서도 가장 많은 부분을 차지하는 것이 여성입니다. 일본 사회는 인구의 절반을 배제함으로써 매우 큰 손실을 겪고 있습니다.

애당초 정치와 경제, 학문과 과학기술, 문화와 예술에 인류의 절반만 가담한다면 좋을 게 없습니다. 여성이 늘어남으로써 학문은 확실히 바뀌었습니다. 여성학·젠더 연구라는 새로운 학문이 태어나, 지금까지의 학문은 한쪽으로 치우쳐 있었음을 지적했습니다. 이 책은 여성학·젠더 연구의 성과입니다. 문화와 예술도 물론 바뀌었습니다. 지금까지의 문화는 '남자의, 남자에 의한, 남자를 위한' 문화였으니까요.

과학기술은? 진리는 하나니까 남자가 하든 여자가 하든 달라질 게 없다고 말하는 사람이 있을지도 모릅니다. 하지만 실제로 여성 과학자가 늘어나면 연구 주제를 선택하는 방법이나 연구 방법이 남성과는 다르다는 것이 밝혀졌습니다. 물론 남자가 좋아하는 분야에 여성이 들어가도 되고, 여성 대상이라 생각되던 분야에 남성이 들어가도 됩니다. 아마 그런 곳에서 혁신이 일어나겠죠.

정치와 경제도 바뀔 것입니다. 유권자의 절반, 소비자의 절반은 여성이기 때문입니다. 경제가 바뀌기 어려운 것은 구매력을 갖고 있는 사람이 압도적으로 남성이기 때문인데, 여성도 일을 하고 돈을 벌게 되면 구매력을 갖게 됩니다. 화폐는 상품에 대한 투표용지라는 말도 있습니다. 정치는 한 사람당한 표지만, 시장에는 화폐라는 투표용지를 많이 갖고 있는 사람과 조금밖에 갖지 못한 사람이 있습니다. 경제의 세계는 민주주의로 움직이지 않습니다. 주주총회와 선거의 차이는 알고 있죠? 주주총회에서는 소유한 주식만큼 의사결정권을 갖기 때문에 민주주의로 돌아가지 않습니다.

정치의 세계에서는 한 사람당 한 표를 갖고 있고, 유권자의 절반은 여자인데 그동안 바뀐 게 없지 않냐고 생각할지도 모르겠네요. 일본은 남녀가 같은 권리를 갖는 민주주의를 이루었는데 왜 그대로일까요? 그 이유는 그동안 여성이 권리를 제대로 행사하지 못했기 때문입니다.

선거권은 행사했지만 피선거권이라는 권리는 그러지 못했

죠. 여성이 정치가로 선택되는 것을 훼방 놓는 장애물이 여기저기에서 여성의 발목을 잡았고, 여성도 거기에 따라 왔습니다. 어떤 장애물이 있는지는 앞에서 설명했어요.

가령 여성이 정치나 경제계에 진출한다고 해도 '선생님의 애제자teacher's pet' 같은 순종적인 여성이나, 남성이 원하는 대로 행동하는 여성이 늘어나서는 시스템이 바뀔 리 없습니다. "여자라면 누구라도 괜찮은가?"라고 말한 것은 그 때문입니다. 지금까지의 방식을 바꾸지 않은 채 남성이 지배해 온 시스템 속으로 여성이 진입하는 것만으로는 그저 남성 우위를 강화할 뿐입니다. 기존 시스템 속에서 소음을 일으키지 못한다면, 여성이 정치에 참가하는 의미는 없습니다.

그러니까 어디에 가든 당당하고 자기답게 행동하세요. 이상하다는 생각이 들면 이상하다고 말하세요. 하고 싶은 일이 있다면 하고 싶다고 손을 드세요. 이 방식은 틀렸다고 생각한다면 자신의 방식을 만드세요. 여러분 자신이 시스템 속에서 소음을 만드세요. 그리고 소음을 받아들이고, 소음을 즐기고, 함께 성장할 수 있는 동료들을 발견해 보세요.

본 적도, 들은 적도 없는 미래가 여러분을 기다리고 있습니다. 그 미래가 어떤 것인지 저도 알 수가 없습니다. 알 수 없는 미래에 직면하는 것은 보람과 피드백을 얻을 수 있는 즐거운 일입니다.

그리고 인생의 마지막 순간에 '아, 살아서 좋았다, 재미있었다'라고 말할 수 있었으면 좋겠습니다.

'어떤 사회를 원하는가?'

마지막으로 '무엇을 위한 남녀평등인가'에 대해 한 번 더 짚고 넘어가겠습니다.

여성에게 의사결정권이 있다는 것은 매우 중요합니다. 여성의 생각과 경험이 사회에 반영되고 사회를 바꾸기 때문입니다. 사회도 살아 움직이는 생명체입니다. 변화는 사회가 살아남기 위해(이것을 지속가능성sustainability이라고도 합니다) 필요한 것입니다. 여성에게 의사결정권이 조금 더 주어져야 하는 이유는 여성이 오랜 기간 약자였기 때문입니다.

여성 중에도 강자나 권력을 가진 사람이 있으니 여자라는 이유만으로 약자라는 뜻은 아닙니다. 하지만 여성은 아이나 노인 같은 약자를 돌보고 병과 장애를 가진 가족을 떠맡아 왔습니다. 약자 곁에는 늘 여성이 있었고, 그들의 기분을 매우 가까이서 느껴 왔습니다.

남녀평등이란 여자도 남자처럼 강자가 되고 싶다는 사상이 아닙니다. 남자처럼 지배자가 되고 싶다거나, 권력 투쟁에서 이기고 싶다거나, 폭력으로 타인을 굴복시키고 싶다는 게 아닙니다. 남자처럼 전쟁에서 서로를 죽이고 싶을 리 없습니다. 남자가 만들어 온 사회에서 곤란했던 적이 너무 많으니까요. 어리석은 일은 남자가 하든 여자가 하든 똑같이 어리석은 일입니다. 어리석은 남자의 행동을 따라 할 필요는 없습니다.

약자가 가장 원하는 것은 안심할 수 있고 안전한 사회입니다. 약자가 되어도 안심하고 살 수 있는 사회입니다. 혼자서는 살아갈 수 없는 아이가 학대받지 않고 방치되지 않는, 나이를 먹어도 짐으로 여겨지지 않는, 장애인이라고 살해당하지 않는, 그런 사회를 여러분은 원하지 않나요? 인간은 누구나 무력한 아기로 태어나 결국 무력한 노인이 되어 죽어 갑니다. 그런 운명에서 벗어날 수 없다는 것을 가장 잘 알고 있는 것은 바로 아이와 노인을 돌봐 온 여자들입니다.

안전보장을 시큐리티security라고 합니다. 안전보장에는 인간의 안전보장과 국가의 안전보장이 있습니다. 인간을 지키는 것이 국가입니다. 따라서 국가를 지키기 위해 인간을 희생시킨다는 것은 주객전도입니다. 아무리 생각해도 인간이 국가의 안전보장보다 우선입니다. 우리는 약자로 태어나 약자로 죽어 간다는 것을 잊지 맙시다. 이렇게 중요한 것을 알려 주는 것이 페미니즘입니다. 그리고 페미니즘을 실현하기 위해 필요한 것이 남녀평등입니다.

"나는 여자라든가 남자라든가 그런 것에 대해 신경 쓰고 싶지 않다"는 사람도 있습니다. 이도 이해가 됩니다. 하지만 여자의 삶과 남자의 삶이 이 정도로 다른 사회에서는 아무리 신경 쓰고 싶지 않다고 해도, 사회가 먼저 여러분의 성별을 따지고 듭니다. 그 사실을 없는 일로 치고 못 본 척하기란 불가능합니다.

누구나 젠더에 신경 쓰지 않아도 되는 사회가 오려면 꽤 시간이 걸릴 것입니다. 제가 살아 있는 동안에는 무리일 것 같고, 어쩌면 여러분이 살아 있는 동안에도 오지 않을 수 있습니다.

그때까지는 페미니즘과 젠더 연구 모두 해야 할 일이 많이 남아 있습니다. 언젠가는 "뭐? 여자가 차별받던 시대가 있었다고? 믿을 수 없어"라고 말하는 날이 오기를.

그런 날이 오는 데 이 책이 도움이 되기를 바랍니다.

있는 그대로 존중받는 세상을 위해서[•]

입학을 축하합니다. 여러분은 치열한 경쟁을 뚫고 이 자리에 왔습니다.

여학생이 처한 현실

선발 과정이 공정하다고 여러분은 믿어 의심치 않을 것입니다. 만약 공정하지 않다면 여러분은 분노를 참을 수 없겠죠. 그런데 작년에 도쿄의과대의 입시부정 문제가 발각되면서 여학생과 재수생을 차별한 사실이 드러났습니다. 문부과

• 이 글은 지은이의 2019년 도쿄대 입학식 축사 전문이다.

학성이 전국 81개 의과대·의학부를 전수 조사한 결과 여학생이 남학생보다 입학하기 어렵다는 것, 즉 여학생의 합격률 대비 남학생의 합격률이 평균 1.2배라는 사실이 밝혀졌습니다. 문제가 된 도쿄대는 1.29배, 가장 높은 준텐도대학은 1.67배였으며, 쇼와대학, 니혼대학, 게이오대학 등 사립학교도 상위를 차지했습니다. 1.0보다 낮은, 즉 여학생이 들어가기 쉬운 대학에는 돗토리대, 시마네대, 도쿠시마대, 히로사키대 등 지방 국립대 의학부가 나란히 이름을 올렸습니다. 참고로 도쿄대학 이과 3학부(생물학, 화학, 생리학 등을 중심으로 생명과학, 물질과학 등을 연구하는 학부)는 1.03배로 평균보다는 낮았지만 1.0보다는 높았습니다. 이 숫자를 어떻게 해석하면 좋을까요? 통계는 중요합니다. 이를 바탕으로 사고가 성립하니까요.

여학생이 남학생보다 합격하기 어렵다는 것은 남학생의 성적이 더 좋다는 뜻일까요? 전국 의학부 전수 조사 결과를 발표한 담당자는 이렇게 말했습니다. "남학생이 우위에 있는 학부는 그 외에는 별로 없었고, 이공계와 문과 모두 여학생이 우위에 있는 경우가 많다." 이는 의학부를 제외한 타 학부에서는 여학생 비율이 낮지 않다는 것, 의학부에만 남학생이 많다는 사실은 추가 설명이 필요하다는 것을 의미합니다.

실제로 여러 데이터가 여학생의 편차치*가 남학생보다 높다는 것을 증명하고 있습니다. 우선 여학생은 재수를 피하기 위해 하향 안정 지원하는 경향이 있습니다. 둘째로 도쿄대에 입학하는 여성의 비율은 오랫동안 '20퍼센트의 벽'을 넘지 못하고 있습니다. 심지어 올해는 18.1퍼센트로 작년보다도 낮았습니다. 통계적으로는 편차치 정규 분포에 남녀차가 없으므로 남학생보다 우수한 여학생이 도쿄대에 지원하고 있다는 말이 됩니다. 셋째로 4년제 대학 진학률 자체에도 성별에 따른 차이가 있습니다. 2016년 학교 기본 조사에 따르면 4년제 대학 진학률은 남자가 55.6퍼센트, 여자 48.2퍼센트로 7퍼센트나 차이가 납니다. 이 차이는 성적 차이가 아닙니다. 아들은 4년제, 딸은 전문대까지면 충분하다고 생각하는 부모의 성차별이 가져온 결과입니다.

노벨 평화상을 수상한 말랄라 유사프자이 씨가 일본을 방문해 '여성 교육'의 필요성을 호소했습니다. 이것이 파키스탄에서만 중요한 문제일까요? 과연 일본과는 상관없는 일일까요? "어차피 여자니까" "여자가 해봤자지"라며 찬물을 끼얹고

---

* 한국의 수능 성적에 해당한다.—옮긴이

발목을 잡는 것을 의욕 냉각 효과라고 부릅니다. 말랄라 씨의 아버지는 딸을 어떻게 키웠느냐는 질문에 "딸의 날개를 꺾지 않으려고 노력했다"라고 대답했습니다. 세상의 많은 딸들은 어린이라면 누구나 갖고 있는 날개를 꺾여 왔습니다.

힘들게 공부해서 도쿄대에 진학한 여러분을 기다리고 있는 것은 어떤 환경일까요? 다른 대학과의 미팅 자리에서 도쿄대 남학생은 인기가 많습니다. 반면 도쿄대 여학생은 누가 "어느 대학 다녀?"라고 물으면 "도쿄……에 있는, 대학……"이라고 대답한답니다. 도쿄대에 다닌다고 하면 달가워하지 않는다네요. 왜 남학생은 도쿄대생이라는 점을 자랑으로 생각하는데 여학생은 밝히기를 주저할까요? 그 이유는 남성의 가치와 우수한 성적은 일치하는 반면, 여성의 가치와 우수한 성적 사이에는 괴리가 있기 때문입니다. 여자는 어릴 때부터 예쁘기를 강요당합니다. 그런데 '예쁘다'는 것에는 어떤 가치가 있을까요? 사랑받고 선택받고 보호받는다는 가치에는 상대방을 절대로 위협하지 않는다는 확신이 깔려 있습니다. 그래서 여학생들은 자신의 우수한 성적이나 도쿄대생이라는 사실을 숨기려는 것입니다.

도쿄대 공학부 남학생 5명이 사립대 여학생을 집단 성폭행한 사건이 있었습니다. 가해자 중 3명은 퇴학, 2명은 정학 처분을 받았습니다. 이 사건을 바탕으로 히메노 가오루코라는 작가가 『그 여자애는 머리가 나쁘니까』(연우출판, 2020)라는 소설을 썼고, 작년에 이를 주제로 교내에서 토론회가 열렸습니다. "그 여자애는 머리가 나쁘니까"라는 말은 조사 과정에서 실제로 가해 남학생이 한 말이었다고 합니다. 이 책을 읽어 보면 사회가 도쿄대 남학생을 어떤 시선으로 바라보고 있는지 알 수 있습니다.

　도쿄대에는 아직도 타 대학 여학생은 가입할 수 있고, 도쿄대 여학생은 가입할 수 없는 남학생 동아리가 있다고 들었습니다. 제가 학생이었던 반세기 전에도 이런 동아리가 있었습니다. 그것이 지금까지도 계속되고 있다니 너무나 충격입니다. 올해 3월 도쿄대 남녀공동참여 담당 이사이자 부학장 명으로, 여학생을 배제하는 행위는 '도쿄대 헌장'이 주창하는 평등 이념에 반한다고 경고했습니다.

　지금까지 여러분이 다녔던 학교는 겉으로만 평등한 사회였습니다. 입시 경쟁에 남녀 구분은 없습니다. 그러나 대학에 들어오는 순간 숨어 있던 성차별이 시작됩니다. 사회에 나가면 더욱 노골적인 성차별이 횡행합니다. 도쿄대 역시 유감스럽지만 마찬가지입니다.

학부의 약 20퍼센트를 차지하던 여학생 비율은 대학원으로 올라가면 석사 과정에서는 25퍼센트, 박사 과정에선 30.7퍼센트나 됩니다. 그 후 연구직이 되면 여성 조교의 비율은 18.2퍼센트, 조교수는 11.6퍼센트, 교수직은 7.8퍼센트로 다시 낮아집니다. 이는 국회의원 중 여성 비율보다 낮은 수치입니다. 여성 학부장·연구과장은 15명 중 1명이며, 역대 총장 중 여성은 없습니다.

여성학 선구자로서

이런 것을 연구하는 학문이 40년 전에 생겨났습니다. 여성학이라는 학문입니다. 지금은 젠더 연구라고도 하죠. 제가 학생이던 시절에 여성학이라는 학문은 이 세상에 없었습니다. 없었기 때문에, 만들었습니다. 여성학은 대학 밖에서 생겨나 대학 안으로 들어왔습니다. 25년 전 제가 도쿄대에 부임했을 당시 문학부의 여성 교수는 저까지 3명이었습니다. 그렇게 저는 여성학을 가르치는 입장이 되었습니다. 여성학을 시작해 보니 세상은 풀리지 않은 수수께끼들로 가득했습니다. 왜 남자는 바깥일을 하고 여자는 집안일을 하기로 정한 거지? 주부는 무엇이고, 무슨 일을 하는 사람이지? 생리대와 탐폰이 없던 시절에는 무엇을 썼을까? 일본 역사에 동성애자는 있었을까? 누구도 조사한 적이 없기 때문에 당연히 선행 연구라 할 만한 것이 없었습니다. 그래서 무엇을 하든 그 분야의 개척자, 일인자가 될 수 있었습니다. 현재 도쿄대에서는 주부 연구든, 순정만화 연구든, 섹슈얼리티 연구든 학위를 딸 수 있는데, 이는 과거 저를 포함한 여성들이 새로운 분야에 뛰어들고 싸워 왔기 때문입니다. 그런 저를 이끌어 온 원동력은 끊임없는 호기심과 불공정한 사회에 대한 분노였습니다.

학문에도 벤처가 있습니다. 쇠퇴하는 학문이 있는 반면 새롭게 떠오르는 학문이 있습니다. 여성학은 벤처였습니다. 여성학뿐만 아니라 환경학, 정보학, 장애학 등 다양한 학문이 새롭게 생겨났습니다. 시대의 변화가 요구했기 때문입니다.

변화와 다양성에 열려 있는 대학

도쿄대는 변화와 다양성에 열려 있는 대학입니다. 저 같은 사람을 채용하고 이 자리에 세운 것이 그 증거입니다. 도쿄대에는 국립대 최초의 재일 한국인 교수 강상중 씨, 국립대 최초의 고졸 출신 교수 안도 타타오 씨도 있었습니다. 시청각 장애인 교수 후쿠시마 사토시 씨도 계십니다.

여러분은 선발되어 이 자리에 왔습니다. 도쿄대생 한 명에게 들어가는 국비가 연간 500만 엔이라고 합니다. 앞으로 4년 동안 훌륭한 교육 환경이 여러분을 기다리고 있습니다. 이는 이곳에서 가르친 경험이 있는 제가 보증합니다.

여러분은 분명 노력한 만큼 보상을 받는다는 생각으로 여기까지 왔을 것입니다. 하지만 앞에서 언급한 입시 부정 사건처럼, 열심히 노력해도 공정한 보상을 받지 못하는 사회가 여러분을 기다리고 있습니다. 그리고 노력하면 보상을 받을 수 있다고 생각할 수 있는 것 자체가 여러분의 노력으로 인한 성과 때문이 아니라 환경 덕분이었다는 사실을 잊지 말아야 합니다. 여러분이 노력하면 보상받는다는 생각을 할 수 있었던 것은 지금까지 여러분을 둘러싼 환경이 여러분을 격려하고, 등을 밀어 주고, 손을 잡아 일으켜 주고, 성과를 인정해 주었기 때문입니다. 세상에는 노력해도 보상받지 못하는 사람, 노력하고 싶어도 그럴 수 없는 사람, 지나치게 노력한 나머지 몸과 마음이 망가진 사람들이 있습니다. 노력을 해보기도 전에 "어차피 넌 안 돼" "네 주제에 무슨"이라며 의욕을 빼앗겨 버린 사람들도 있습니다.

여러분의 노력을 부디 자신의 성공만을 위해 쓰지 말아 주세요. 혜택 받은 환경과 혜택 받은 능력을 혜택 받지 못한 사람들을 무시하기 위해서가 아니라 돕기 위해 써주세요. 그리고 강한 척하지 말고 자신의 약점을 인정하고 서로 의지하며 살아가세요. 여성학을 낳은 것은 페미니즘이라는 여성 운동입니다. 페미니즘은 결코 여자도 남자처럼 행동하고 싶다거나 약자가 강자가 되길 바라는 사상이 아닙니다. 페미니즘은 약자가 약자인 채로 존중받기를 원하고 바라는 사상입니다.

도쿄대에서 배우는 가치

여러분을 기다리고 있는 것은 지금까지의 이론이 들어맞지 않는 예측 불가능한 미지의 세계입니다. 지금까지 여러분은 정답이 있는 지식을 추구해 왔습니다. 이제부터 여러분을 기다리고 있는 것은 정답이 없는 질문으로 가득 찬 세계입니다. 새로운 가치란 시스템과 시스템 사이, 서로 다른 문화가 마찰하는 곳에서 생겨납니다. 이것이 대학 안에 다양성이 필요한 까닭입니다. 대학 안에만 머무를 필요는 없습니다. 도쿄대에는 해외 유학이나 국제 교류, 지역 과제 해결 관련 활동을 지원하는 프로그램도 있습니다. 미지를 추구하며 다른 세계에도 뛰어들어 보세요. 다른 문화를 두려워할 필요는 없습니다. 인간이 사는 곳이라면 어디서든 살아갈 수 있습니다. 여러분이 도쿄대라는 브랜드가 전혀 통하지 않는 세상에서도, 그 어떤 환경에서도, 설령 난민이 되더라도 살아갈 수 있는 지식을 체득하기를 바랍니다. 대학에서 배우는 가치는 기존의 지식을 습득하는 것이 아니라, 지금까지 아무도 본 적 없는 지식을 만들어 내기 위한 지식을 익히는 데 있다고 저는 확신합니다. 지식을 만들어 내는 지식을 메타 지식이라고 합니다. 이 메타 지식을 익히도록 학생들을 이끄는 것이야말로 대학의 사명입니다. 도쿄대학교에 오신 것을 환영합니다.

2019년 4월 12일

NPO법인 여성행동네트워크 이사장 우에노 지즈코

출처: 도쿄대학 홈페이지

도움이 될 책과 영화 & 저자의 다른 책들

　여자아이가 자신의 날개를 펼치고 살아가는 데 도움이 될 만한 책과 영화를 소개합니다. 이 리스트는 여고생을 비롯 대학생, 편집부원 등과 의견을 교환하며 서점과 도서관에서 찾기 쉬운 것들을 중심으로 정리했습니다. 이를 계기로 우에노 선생님의 다른 책들도 읽어봐 주었으면 좋겠다는 생각에 이 책의 주제에 맞는 리스트를 작성했습니다.

◐ 책

『하고 싶은 말 있어요』 우오즈미 나오코, 북뱅크, 2020

'늘 어른(부모나 선생님 등)의 말만 맞을 리 없어! 나도 생각이란 걸 하고 있어. 떠밀어도 안 된다면 머리를 써서 잡아당겨 보자. 길은 반드시 찾게 될 거야.' 이런 것들을 알려 주는 책.

『여자라는 저주「女子」という呪い』 아마미야 가린, 슈에이샤 크리에이티브, 2018

여자아이는 태어날 때부터 저주에 걸린다. 마치 백설공주처럼. 하지만 저주를 푸는 것은 왕자님의 키스가 아니라 나 자신이라는 것을 알게 될 것이다.

『어린이를 위한 페미니즘』 사싸 뷔레그린, 풀빛, 2018

'나답게 산다는 건 뭘까?' '세상의 중요한 일을 결정하는 건 왜 남자들뿐일까?' 북유럽의 여자아이 엘라와 함께 주변에서 벌어지는 궁금한 일들에 대해 생각하다 보면 여러 가지 사실들이 눈에 보이기 시작하며 당신이 답답해하던 문제들도 해결될 것이다.

『시스터즈』 마르타 브린, 한겨레출판, 2018

'권리는 하늘에서 떨어지는 게 아니다'라고 쓴 페미니스트가 있었다. 이는 지금도, 그리고 앞으로도 바뀌지 않을 것이다. 투쟁을 통해 쟁취해 온 것을 우리는 잊어서는 안 된다.

『생리짱生理ちゃん』 고야마 겐, 가도카와, 2018

"오늘, 그 날이야……" 여자끼리의 대화에서도 늘 소곤소곤 속삭이고,

큰 소리로 말할 기회는 별로 없는 여성의 '생리'를 귀엽고 발랄한 캐릭터로 의인화하여 생리의 괴로움에 관련된 고민을 대신 말해 준다. 커플이 함께 읽어도 좋고, 가족 모두가 읽어도 좋다.

『'가족 행복'의 경제학 '家族の幸せ'の経済学』 야마구치 신타로, 슈에이샤신서, 2019
이상하게도 출산과 육아는 증거는 무시되고 '선입견'이 활개를 치기 쉽다. 그래서 가족의 존재 방식은 더욱 함부로 다뤄져 왔다. 경제학을 통해 그런 선입견으로부터 가족 한 사람 한 사람을 해방시켜 주는 책.

『남편의 부양에서 벗어나고 싶어』 유무이, 에이케이커뮤니케이션즈, 2021
"누구 덕분에 먹고사는 줄 알아!" 자상하던 남편에게 이런 말을 듣게 될 줄이야. '난 절대 그런 사람을 고르지 않을 거야' '내가 그런 일을 당할 리 없어' 하지만 그저 남의 일이라고만 생각하지 말 것. 누구에게나 일어날 수 있는 일이니까.

『빈곤전업주부貧困専業主婦』 조우얀페이, 신쵸샤, 2019
아이가 어릴 동안은 내가 키우고 싶다, 설령 가난하더라도. 이런 선택을 어떻게 생각하는가. 그들의 행복지수는 높다고 한다. 과연 그곳에는 어떤 현실이 존재하고 있을까.

『82년생 김지영』 조남주, 민음사, 2016
이것은 내 이야기? 한국, 그리고 일본에서 세대와 국가를 뛰어넘어 수많은 여성들이 공감한 책. 1992년생, 2002년생, 2012년생 김지영의 인생이 달라지려면 우리는 어떻게 해야 할까?

『그 여자, 지르박その女、ジルバ』아리마 시노부, 소학관, 2014~2018

자매애를 배우고 싶은 당신에게 딱 맞는 만화. 사람의 매력은 나이로 가늠할 수 없다. 경험이 많다고 해서 매력적인 사람이 되는 것도 아니다. 그게 무슨 뜻이지? 그 답을 상세히 알려주는 책.

『도망치는 건 부끄럽지만 도움이 된다』우미노 츠나미, ①~⑪, 대원씨아이, 2018~2020

취직으로서의 결혼은 사실상 계약 결혼! 한 지붕 아래에서 시작된 비밀과 망상의 생활. 연애란 뭐지? 결혼은? 어른이 되면 휘둘릴 게 뻔한 문제들. 10대 때부터 곰곰이 생각해 보는 게 좋을지도.

『사랑과 국회恋と国会』니시 케이코, 연재 중, 소학관, 2019

전 인디 아이돌이 국회의원이 되다! 동세대의 세습의원과 야당의원을 둘러싸고, 국회를 무대로 상식적인 정치에 도전하는 통쾌함을 그린 전대미문의 만화!

『여성참여가 정치를 바꾼다女性の参画が政治を変える』
쓰지무라 미요코·미우라 마리·누카즈카 야스에 편저, 신잔샤, 2020

이 책을 함께 읽으면 여성의 정치 참여가 필요한 이유를 알게 될 것이다. 여성이 정치 현장에서 소수인 이유도. 우리는 유권자이자 후보자도 될 수 있음을 잊고 있지는 않은가?

『괴롭힘이여 안녕!さよなら!ハラスメント』고지마 게이코, 쇼분샤, 2019

괴롭힘은 재난? 그냥 참아야 하는 것? 아니면 내 책임? 모두 틀렸다. 다양한 장소, 다양한 사람에게 일어난 괴롭힘 사례를 통해 개인이 할 수 있는 일을 생각해 본다. 그것은 사회를 바꾸는 일로도 연결될 것이다.

『소곤소곤 페미니즘ぼそぼそ声のフェミニズム』구리타 류코, 작품사, 2019

늘 힘차게 싸우는 것은 무리. 언제나 목소리를 낼 수 있는 것도 아니다. 그러니까 떨어져 나가는 사람이 많은 것도 현실이다. 하지만 나는 계속 걸어갈 것이다. '내'가 그리고 '당신'이 '없었던 일'이 되지 않도록. 이런 페미니즘도 있다는 것을 보여 주는 책.

『우리는 모두 페미니스트가 되어야 합니다』치마만다 응고지 아디치에, 창비, 2016

내 이야기를 들어 봐. 물론 당신의 이야기도 들을게. 왜 페미니스트가 되었는지도 이야기할게. 당신도 알려줘. 행복해지고 싶었어. 이 한마디로 충분하다고 생각해.

『'거의 없는' 것이 되어 버린 쪽에서 본 사회의 이야기를
「ほとんどない」ことにされている側から見た社会の話を』오가와 다마카, 타바북스, 2018

이 나라에는 이상한 것을 이상하다고 말할 수 없는, 말하지 못하게 하는 분위기가 있다. 특히 여성에게 그렇다. 여성의 목소리는 무시당하기 쉽다. 그 탓인지 성폭력도 치한도, 모두 피해자 탓으로 돌리기도 한다. 그런 상황에서 '말도 안 돼!'라고 목소리를 높이고 발언을 멈추지 않는 여성이 있다.

『여자다움 입문オンナらしさ入門』오구라 지카코, 이론사, 2007

여자답게보다는 나답게 살아 왔다. 사회에 나가기 전까지는. 사회에 나가니, 어라? 상상 이상으로 '여자다움'을 요구당한다. '너무 낡아빠진 생각이잖아'라고 웃어넘기고 싶어도 그럴 수 없을 때가 있다. 비슷한 일로 갈팡질팡하는 당신을 위한 극적 처방전.

○ 영화(스포일러가 되지 않도록 내용은 조금만 소개합니다)

〈서프러제트〉 사라 가브론 감독, 2015
특별한 사람만이 사회를 바꿀 수 있는 것은 아니다.

〈세상을 바꾼 변호인〉 미미 레더 감독, 2018
'법은 인간이 만든다'는 것을 알려준다.

〈레이디 버드〉 그레타 거윅 감독, 2017
자신의 날개를 펴고 날아가기 위해 할 수 있는 일.

〈작은 아씨들〉 그레타 거윅 감독, 2019
여자가 자신의 힘으로 산다는 것은 무리……일까?

〈마더스 데이〉 마리-카스티 망시옹-샤르 감독, 2018
사랑도 일도 가족도, 이 모든 걸 원하면 사치일까?

〈미안해요, 리키〉 켄 로치 감독, 2019
변화하는 일의 방식과 시대의 흐름에 농락당하는 '현대 가족의 모습'을
그리다.

〈그들이 진심으로 엮을 때〉 오기가미 나오코 감독, 2017
남성과 여성만이 사랑에 빠질 수 있는 건가? 엄마가 될 수 있는 것도
여성뿐일까?

〈콜 미 바이 유어 네임〉 루카 구아다니노 감독, 2017
두 청년의 첫 번째, 그리고 잊을 수 없는 사랑의 아픔과 기쁨의 이
야기.

● 우에노 지즈코의 다른 책들

『가부장제와 자본주의』 녹두, 1994 *현재 절판

왜 아빠는 집에서는 아무것도 안 할까? 왜 엄마는 집안일도 육아도 간병도 혼자 다 맡아서 하는 걸까? 엄마의 노동은 무료라서? '무보수 노동'의 개념을 일본에 정착시키고 가사노동의 비밀을 밝힌 역작.

『섹시 걸 대연구セクシィ·ギャルの大研究**』** 이와나미, 2009

욕망 가득한 눈에 반쯤 열린 입술, 남자의 시선을 고정시키는 수많은 포즈. 세간에 흘러넘치는 섹시한 광고를 분석하고 그 실태와 사회의 연관성을 대담하게 파헤친 데뷔작!

『불혹의 페미니즘』 스핑크스, 2020

'싸움을 걸어 오면 피하지 않고 상대하겠다'. 공감, 때로는 물의를 일으켜 온 저자의 발언은 40년의 시간이 새겨진 페미니즘의 역사와 함께한다. 그 궤적을 더듬어 간 발언집.

『살아남기 위한 사상生き延びるための思想 新版**』** 이와나미, 2012

젠더 평등이란 무엇인가. '죽기 위한 사상'이 아니라 약자가 약자로서 살아갈 수 있는 사상을 담은 다수의 논문을 모았다. 동일본대지진 후의 도쿄대 마지막 강의도 수록.

『여성은 어떻게 살아남을까』 챕터하우스, 2018

남녀고용기회균등법이 성립된 지 30년. 그 사이에 여자의 일하는 방식은 어떻게 바뀌었나? 바뀐 것과 바뀌지 않은 것 속에서 어떻게 살아가

야 할지를 이야기한다.

『여성 혐오를 혐오한다』 은행나무, 2012
일본 사회 여기저기에 숨어 있는 여성 혐오. 남자에게는 여성 멸시, 여자에게는 자기혐오. 호모소셜·호모포비아·여성 혐오의 3종 세트를 분석하는 도구로서 가부장제의 수수께끼가 풀리는 과정이 흥미롭다.

『정보 생산자가 되다情報生産者になる』 치쿠마신서, 2018
정보 생산자가 되는 것은 소비자로 사는 것보다 '몇 배나 즐겁고 보람 있다'고 저자는 말한다. 도쿄대 우에노 세미나의 교육을 고스란히 보여 주는 책.

『우에노 지즈코의 서바이벌 어록上野千鶴子のサバイバル語録』 문예춘추, 2019
어려운 책, 두꺼운 책은 읽지 않는다. 하지만 삶의 고통을 어떻게든 해결하고 싶다고 생각하는 당신에게. 이 책 속의 한 줄 한 줄이 당신의 지금, 그리고 내일을 밝게 비춰 줄 것이다.

『근대가족의 성립과 종언』 당대, 2009
'가족'은 어디에서 와서 어디로 가는가. 샐러리맨과 주부로 구성된 '근대가족'은 언제부터 '표준'이 되었나? 근대가족의 성립을 역사·사회학적으로 평가한 대표작.

여자들이 빚어 낸 지혜를 이어 받기

요즘 같은 시기에 10대 여자를 대상으로 책을 쓸 수 있다는 것이 매우 기쁩니다. 물론 여자의 삶을 다룬 책은 지금까지도 몇 권인가 있었습니다.

오구라 지카코 씨의 『여자다움 입문オンナらしさ入門』이나 아마미야 가린 씨의 『여자라는 저주「女子」という呪い』 등이 그렇죠. 두 권 모두 매우 재미있는 책인데, 제목만 봐도 내용을 상상할 수 있습니다. '여자다움'이란 것이 이렇게 압도적인가, '여자라는 것만으로 인생에 저주가 걸릴 정도인가, 읽기 전부터 마음이 어두워질 것 같습니다.

그런데 요 몇 년 사이 분위기가 바뀌었습니다. 할리우드의 셀러브리티 여성들이 일으킨 미투 운동(#MeToo)이 전 세계로 퍼졌고, 도쿄의과대학이 입시에서 여성을 차별했다는 사실이 밝혀져 난리가 났습니다. 성적 학대를 받던 딸이 친아버지를 고소한 재판에서 무죄 판결(그 후 유죄 판결로 바뀜)이 나오자, 전국 각지에서 많은 여성들이 반발하며 꽃 시위(플라워 데모)를 벌였습니다. 하이힐을 신을 것을 강요받아 몸을 다친 여성들이 왜 여자만 하이힐을 신어야 하냐고 구투 운동(#KuToo)*을 일으켰습니다. 한 남성주간지가 '성관계 갖기 쉬

---

* 2019년 일본에서 일어난 사회운동. '구두'와 '고통'에 '미투'를 합쳐 만든 단어다. 여성은 하이힐을 신어야 한다는 고정관념 속에서 하이힐을 신는 고통을 감내하는 것이 부당하다는 지점에서 시작되었다. 일본의 배우이자 활동가인 이시카와 유미가 자신이 아르바이트를 하면서 하이힐 신기를 강요받았으며, 이는 부당하다고 주장하였고, 많은 여성들의 공감을 얻었다. 우리나라에서도 서비스직에 있는 여성들이 하이힐은 물론 신체를 불필요하게 드러내는 유니폼을 강요받고 있다. 이에 국내에서도 이를 시정하자는 움직임이 일었고, 국가인권위원회는 2013년 여자 승무원에게만 치마 착용을 강요하는 항공사의 규정은 인권 침해라는 권고를 내린 바 있다. 이후 해당 항공사는 여자 승무원에게 바지 착용을 허용했다.

운 여대생 순위' 특집 기사를 싣자, 여대생들은 인터넷에서 기사 철회 및 사죄를 요구하는 서명 활동을 벌임과 동시에 기사를 싣게 된 경위를 듣고 새로운 제안을 하기 위해 직접 편집부로 찾아가기도 했습니다. 싫은 일은 싫다고 말해도 된다는 분위기가 만들어졌고, 참지 않는 여성들이 차례차례로 등장하여 그들의 목소리가 제대로 들리게 되었습니다.

2014년 엠마 왓슨의 유엔 연설*이나 한국의 베스트셀러 『82년생 김지영』이 사이토 마리코 씨 번역으로 출간되는 걸 보면서 페미니즘은 외국에서 온 것이라고 생각하는 사람도 있는 것 같습니다. 하지만 일본에서도 훨씬 전부터 싫은 건 싫다, 하고 싶은 일을 하고 싶다고 말한 여성들이 많았습니다.

사회는 아주 조금씩만 변하지만, 우리는 그 변화가 바로

---

* 해리 포터 시리즈로 유명한 미국 배우 엠마 왓슨은 유엔 여성친선대사 자격으로 2014년 9월 연설을 했다. 유엔 여권신장 캠페인 '히포쉬HeForShe(여성을 위한 남성, 즉 양성평등을 위해 남성의 관심과 참여를 촉구한다는 의미)'를 알리는 연설이었다. 왓슨은 이 연설에서 페미니즘의 정의는 여성과 남성이 동등한 권리와 기회를 가져야 한다는 것이며, 남성이 이에 함께하기를 요청한다고 말했다.

눈앞에서 일어나고 있는 역사적 순간에 서 있습니다. 앞으로 여러분이 나가게 될 사회는 여러분이 바꿀 수 있는 사회입니다. 그래서 이 책에서는 이 사회가 그동안 어떻게 바뀌어 왔는지, 그리고 앞으로 어떻게 바뀔 것인지 그 전망을 젊은 여러분에게 보여 주었습니다.

제가 젊었을 때는 결혼한 여자가 일을 한다는 것이 비상식적인 일이었지만, 지금은 맞벌이가 당연해졌습니다. 예전에는 이혼을 하면 성격에 결함이 있다는 소리를 들었습니다. 지금은 불행한 결혼이라면 지속하지 않는 게 낫다고 모두가 말합니다. 예전에는 여자가 학자나 의사가 되고 싶다고 하면 무리라고들 했습니다. 지금은 여성 학자나 의사를 어디서든 쉽게 볼 수 있습니다.

할머니 시대의 상식과 엄마 시대의 상식, 여러분이 앞으로 살아갈 시대의 상식은 크게 바뀌어 왔습니다. 이 책에는 세대간 '상식'의 차이로 생겨난 질문이 많은 것 같습니다. 할머니와 엄마에게는 이렇게 말해 주세요. "앞으로의 시대는 할머니의 상식도 엄마의 상식도 통하지 않을 거야"라고.

"그러니까 내가 결정하게 해줘"라고요.

그래서 젊은 시절 저는 이런 표어를 만들었습니다.

'오늘의 비상식은 내일의 상식!'

반대로 '오늘의 상식은 내일의 비상식!'이기도 합니다.

그리고 정말 그 말대로 되었습니다.

제가 젊었던 시절 성차별은 훨씬 더 심했고 성희롱은 만연했습니다. 취직할 곳도 없었지만 그런 시대에 태어난 것을 원망하지는 않습니다. 왜냐하면 세상의 변화의 한가운데에서 우리 손으로 변화를 만들어 냈다는 자부심이 있기 때문입니다.

우리 앞에는 그보다 더 힘든 시대를 살아 온 선배 언니들이 있습니다. 선거권이 없었고, 무슨 말을 하면 "여자는 참견하지 마"라는 말을 들었으며, 학교에 가고 싶어도 교육을 받을 수 없었습니다. 그 언니, 아줌마, 할머니들 덕분에 우리는 전보다 조금 더 편하게 살아갈 수 있게 되었습니다. 그러니 이제는 우리가 젊은 여러분들에게 우리가 경험한 사회보다는 조금 나은 사회를 건네줘야 합니다. 만약 여러분이 미래에 엄마가 된다면 딸들을 바라보며 똑같은 생각을 하겠죠.

저는 페미니스트라고 밝히고 있지만, 이게 가능한 것도 저보다 먼저 페미니스트라고 밝힌 선배와 외국 여성들로부터 많은 지혜와 말을 건네받은 덕분입니다. 저 혼자서 생각해 낸 것은 아주 조금뿐입니다. 선배 언니들의 은혜를 잊지 않도록 저는 페미니스트 간판을 내리지 않기로 했습니다.

말은 빌려온 것, 그것으로 충분합니다. 그 말은 세계를 바라보기 위한 도구입니다. 경우에 따라서는 세계를 바꾸기 위한 도구가 되기도 합니다. 그 도구 덕분에 세계를 보는 시각이 바뀝니다. 그 소중한 도구를 언니들로부터 전수 받고, 소중히 갈고닦아, 동생들에게 전달하는 것도 여성학·젠더 연구의 역할입니다. '젠더'는 이를 위한 소중한 도구 중 하나입니다.

우리는 여성을 둘러싼 사회의 변화가 눈에 보이는 시대를 맞고 있습니다. 시간이 더 흐르면 이 책의 내용을 보고 "뭐야, 옛날에는 이런 걸로 고민했구나"라며 웃을지도 모릅니다. 그런 기록을 위해서라도 이 책은 도움이 될 것입니다. 조만간 2000년대 초반 일본 여성의 상황을 보여 주는 역사적 자료가 될지도 모릅니다. 그렇게 되면 좋겠습니다. 만약 10년 후에도

20년 후에도 여자들이 이 책에 공감하고 있다면, 눈물이 날 거예요.

이렇게 급격한 변화의 시대에 여자로 태어나서 좋았다고 저는 마음 깊이 느낍니다. 전 이제 인생의 절반 이상이 지났고, 죽음이 더 가까운 편이라 인생을 다시 무를 수도 없지만 분명 마지막 순간에는 이렇게 말할 거예요.

"아~ 재미있었다"라고요.

여러분도 그렇게 말할 수 있기를.

그것이 나의 바람입니다.

ONNANOKO WA DOU IKIRUKA: OSIETE, UENO SENSEI!
by Chizuko Ueno
ⓒ 2021 by Chizuko Ueno
Originally published in 2021 by Iwanami Shoten, Publishers, Tokyo.
This Korean edition published 2022 by TTbook, Goyang City
by arrangement with Iwanami Shoten, Publishers, Tokyo

착한
소녀는
사양
합니다

10대 여자로 나답게 살아가는 법

2022년 6월 3일 1쇄 발행

지은이 우에노 지즈코
옮긴이 이주희
디자인 디자인서가
펴낸곳 도서출판 티티
출판신고 2013년 12월 4일 제2014-0000227호
이메일 hellottbooks@gmail.com

ISBN 979-11-89559-01-4 43300